Madagascar

I. L'île et ses habitants

Renseignements historiques, géographiques et militaires

II. La dernière guerre franco-hova

(1883-1885)

D'APRÈS LES DOCUMENTS DU MINISTÈRE DE LA MARINE

Par G. HUMBERT

CAPITAINE BREVETÉ D'INFANTERIE DE MARINE
OFFICIER D'ORDONNANCE DU MINISTRE DE LA MARINE

ACCOMPAGNÉ DE CARTES TOPOGRAPHIQUES ET SUIVI D'UN

VOCABULAIRE FRANCO-MALGACHE

D'après les indications de M. SUBERBIE

BERGER-LEVRAULT ET Cie, ÉDITEURS

PARIS | NANCY
5, RUE DES BEAUX-ARTS | 18, RUE DES GLACIS

1895

Tous droits réservés

MADAGASCAR

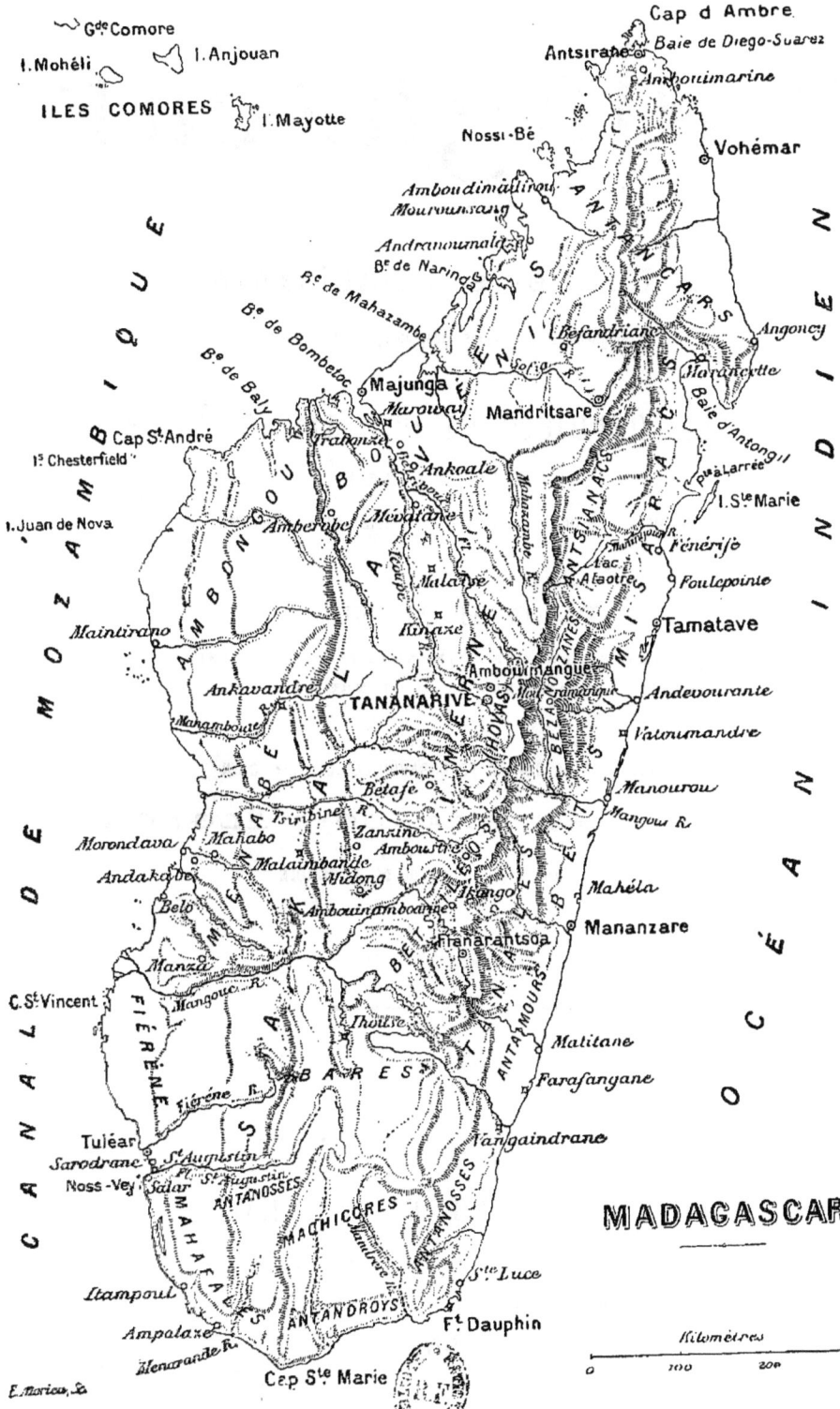

Gde Comore

I.Mohéli   I.Anjouan

ILES COMORES   I.Mayotte

Cap d Ambre

Baie de Diego-Suarez
Antsirane
Amboudimarine

Nossi-Bé   Vohémar

Amboudimadirou
Mourounsang
Andranounalaan
Be de Naring

Be de Mahazambe   Befandriane   Angoncy

Be de Bombetoc   Soffa   Marancette
Be de Baly   Baie d'Antong'l
Majunga   Pte à Larrée
Cap St André   Maromay   Mandritsare   I. Ste Marie
Ie Chesterfield   Trabonzy   Ankoalé
Amberobe   Fénérife
I.Juan de Nova   Mevatane   Lac   Foulepointe
Alaotre
Malatve   Tamatave
Maintirano   Kinaxe   Amboumangue
Ankavandre   Andevourante
TANANARIVE
Mahamboure   Vatoumandre
Betafe
Manourou
Tsiribine R.   Mangou R.
Morondava   Mahabo   Zanxine
Ambousty
Andakabe   Malaimbandie   Mahéla
Belo   Midong
Ambouinamboarne   Ifango
Manzu   Fianarantsoa   Mananzare
Mangou R.
C.St Vincent   Matitane
Ihoive   Farafangane
Tuléar   Vangaindrane
Sarodrane   St Augustin
Noss-Vey   Salar   Fle St Augustin   ANTANOSSES
MACHICORES   Ste Luce
Itampoul   ANTANDROYS   Ft Dauphin
Ampalaze
Menarande   Cap Ste Marie

MADAGASCAR

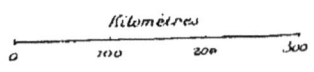

Kilomètres

0   100   200   300

E. Morieu, Sc.

Madagascar

I. L'île et ses habitants

Renseignements historiques, géographiques et militaires

II. La dernière guerre franco-hova

(1883-1885)

D'APRÈS LES DOCUMENTS DU MINISTÈRE DE LA MARINE

Par G. HUMBERT

CAPITAINE BREVETÉ D'INFANTERIE DE MARINE
OFFICIER D'ORDONNANCE DU MINISTRE DE LA MARINE

ACCOMPAGNÉ DE CARTES TOPOGRAPHIQUES ET SUIVI D'UN

VOCABULAIRE FRANCO-MALGACHE

D'après les indications de M. SUBERBIE

BERGER-LEVRAULT ET Cie, ÉDITEURS

PARIS	NANCY
5, RUE DES BEAUX-ARTS	18, RUE DES GLACIS

1895

AVANT-PROPOS

—

Au moment où la France se prépare à agir par les armes à Madagascar, il nous a paru utile de mettre sous les yeux de nos camarades qui feront partie du corps expéditionnaire un exposé des opérations militaires de la guerre de 1883 à 1885.

Les archives du Ministère de la marine, qui ont été mises à notre disposition, nous ont permis de faire cet exposé aussi complet que possible.

Nous n'avons pas voulu écrire un cours d'art militaire, nous nous sommes contenté de rappeler les événements, laissant à chacun le soin de conclure.

D'ailleurs, les faits parlent d'eux-mêmes et nous sommes convaincu qu'on saura en tirer de précieuses indications, relatives à la manière de combattre des Hovas et aux petites opérations de la guerre à Madagascar.

Mais, au moment d'entreprendre un voyage, on est toujours avide de renseignements pouvant éclairer sur le pays où l'on va, ses habitants, ses mœurs, etc. ; nous avons pensé être agréable à nos camarades en ajoutant à l'histoire de la guerre de 1883-1885 un petit recueil de toutes les données les plus intéressantes sur Madagascar.

A cet effet, nous avons utilisé les publications les plus récentes ainsi que des rapports d'officiers qui ont voyagé ou séjourné dans l'île.

Notre ouvrage est donc divisé en deux parties :

Ire Partie. — *L'île et ses habitants, rensei-gnements historiques, géographiques et militaires ;*

IIe Partie. — *La dernière guerre franco-hova (1883-1885).*

Il se termine par un petit vocabulaire franco-malgache établi d'après les indications de M. Su-berbie, concessionnaire de mines d'or à Madagas-car, qui a longtemps habité le pays.

Par sa nature, ce petit volume ne peut être une œuvre littéraire; ce n'est guère qu'une collec-tion de renseignements.

Qu'on veuille donc l'accepter comme tel et lui pardonner sa forme, s'il renferme au fond quelques indications utiles.

G. H.

Janvier 1895.

Ire PARTIE

RENSEIGNEMENTS GÉNÉRAUX SUR MADAGASCAR

Les renseignements réunis sous ce titre ont trait aux points suivants, à chacun desquels nous avons réservé un chapitre :

I. — Histoire de France à Madagascar (Résumé historique) ;
II. — Aspect général de Madagascar ;
III. — Climatologie, pathologie, hygiène ;
IV. — Les populations ;
V. — Le gouvernement et l'administration hovas ;
VI. — L'armée hova.

Les chapitres I, II et VI ont été inspirés de publications récentes ou de rapports d'officiers en mission à Madagascar.

Pour le chapitre III, nous avons emprunté nos renseignements à un remarquable travail du docteur Lacaze, qui réside depuis plusieurs années à Madagascar.

Quant aux chapitres IV et V, ce sont des résumés de l'excellent livre de M. Martineau, *Madagascar en 1894.*

———

CHAPITRE Ier

Des publications récentes ont exposé en détail notre histoire à Madagascar. Les causes de notre intervention officielle dans ce pays, les obstacles de tout genre qui ont retardé jusqu'à ce jour l'acceptation complète de notre suprématie sont connus de tous. De même, la validité de nos droits, la nécessité d'une intervention militaire immédiate ont été prouvées surabondamment.

Nous ne reviendrons pas sur les polémiques engagées à propos de ces différentes questions et nous nous contenterons de rappeler brièvement les principales phases de notre action dans la « grande île ».

Dès 1601, des Français sont établis à Madagascar et y font le commerce.

En 1642 se fonde une compagnie de négociants, dite « Compagnie de l'Orient », pour l'exploitation de la « grande isle de Madagascar et isles voisines ». Richelieu lui accorde le monopole du commerce et de la navigation dans cette région, à condition d'en prendre possession au nom du roi de France.

En 1643, le *Saint-Louis*, capitaine Cocquet, quitte Lorient, emmenant les premiers colons ; après avoir visité Antongil, Sainte-Marie, la baie de Sainte-Luce, l'expédition se fixe sur la presqu'île de Tholongare et jette les fondations de Fort-Dauphin. Les résultats de cette première entreprise ne furent pas heureux.

Colbert supprima les privilèges de la compagnie et fit rendre en 1664, en faveur d'une nouvelle compagnie dite des Indes orientales, un édit de concession ainsi conçu : « Nous avons donné, concédé et octroyé, donnons, concédons et octroyons à la dite compagnie l'île de Madagascar ou Saint-Laurent avec les îles circonvoisines, forts et habitations qui peuvent y être construits par nos sujets ; et en tant que besoin est, nous avons subrogé la dite compagnie à celle ci-devant établie pour la dite île de Madagascar, pour en jouir, la dite compagnie à perpétuité, en toute propriété, seigneurie et justice. »

Un nouvel édit, du 1er juillet 1665, prescrivait de donner désormais le nom d'île Dauphine à l'île de Madagascar, appelée jusqu'alors Saint-Laurent.

A la suite de nombreuses fautes, la compagnie, complètement ruinée, fut obligée de liquider sa situation en 1670 ; elle remit en conséquence ses droits sur l'île aux mains de Sa Majesté.

Louis XIV réunit alors l'île Dauphine aux biens de la couronne et y envoya, comme gouverneur, l'amiral Jacob de la Haye, qui en prit officiellement possession le 24 novembre 1670.

Sous Louis XV, Louis XVI, pendant la Révolution, les actes du gouvernement, aussi bien que les travaux de nos nationaux dans l'île, continuèrent à affirmer notre prise de possession.

C'est sous le règne de Napoléon Ier que prirent naissance les premières difficultés diplomatiques à propos de Madagascar. Profitant de l'insuffisance de notre marine, les Anglais s'emparèrent de l'île en 1811. La paix signée au traité de Paris du 30 mai 1814, sir

Robert Farquhar, gouverneur de Maurice, refusa de nous la rendre, sous prétexte qu'elle était une dépendance de cette dernière colonie.

Mais, sur nos observations, son gouvernement reconnut par dépêche du 18 octobre 1816 que cette prétention n'était pas fondée.

Cette première campagne diplomatique se termina donc à notre avantage, par une consécration officielle de nos droits, mais elle fut aussi le point de départ de notre longue querelle avec les Hovas.

A cette époque, ceux-ci n'avaient pas encore dans l'île une situation prépondérante, mais leur roi Radama Ier entreprenait de la conquérir.

Sir Robert Farquhar vit dans cette circonstance le moyen de prendre sa revanche. N'ayant pu nous ravir Madagascar, il essaya d'y créer une influence assez puissante pour contrebalancer la nôtre. Les Hovas affirmant une vitalité supérieure à celle des autres peuples malgaches, il les adopta.

Grâce à ses conseils, ils progressèrent rapidement et devinrent nos ennemis irréconciliables.

Nous ne tardâmes pas à entrer en lutte avec eux.

En 1822, plusieurs chefs Betsimisaraks de la côte ouest ayant conclu avec nous des traités d'amitié, Radama envahit leurs territoires et s'empara de Tamatave. Après quelques années de patience, la France se décida à châtier l'insolence hova qui ne connaissait plus de bornes.

En 1829, le capitaine de vaisseau Goubeyre bombarda Tamatave, Pointe-à-Larrée, Tintingue et infligea à nos ennemis de sanglantes défaites; malheureusement, un échec devant Foulpointe arrêta la campagne. Le corps expéditionnaire, décimé par la fièvre, dut être rappelé avant d'avoir obtenu satisfaction.

Sous Louis-Philippe, nous reprenons pied dans les parages de Madagascar :

Le 14 juillet 1840, les chefs Sakalaves et la reine du Bouéni nous cèdent les îles de Nossi-Bé et de Nossi-Comba et nous abandonnent tous leurs droits de souveraineté sur la côte occidentale, depuis la baie de Passandava jusqu'au cap Saint-Vincent. En février 1841, le roi des Antankars nous cède encore l'île de Nossi-Mitsiou ainsi que ses droits de souveraineté sur son pays ; en même temps, le chef de Nossi-Fali nous transmet la propriété de cette dernière île.

Avec Ranavalo Ire qui succéda à Radama Ier en 1828, nos difficultés avec les Hovas recommencèrent.

Cette reine détestait les étrangers ; en 1845 elle rendit un décret aux termes duquel tous les Européens, sans exception, étaient soumis à la corvée, à l'épreuve du poison, à l'esclavage ; il leur était en outre interdit de faire du commerce dans l'intérieur de l'île.

Une expédition navale franco-anglaise fut organisée aussitôt dans le but de ramener par la force les Hovas à la raison.

Tamatave fut bombardée, des troupes furent lancées à l'assaut de la batterie, mais, manquant de munitions au dernier moment, elles durent se replier en abandonnant 18 cadavres à l'ennemi.

Dix-huit têtes dressées sur des bambous restèrent sur le rivage pendant dix ans.

La politique empêcha en effet le départ d'une expédition puissante que le gouvernement avait confiée au général Duvivier. Le 5 février 1846, les députés de

l'opposition, tout en déclarant que « la France n'aban-
donnait aucun de ses droits sur Madagascar, émet-
taient le vœu qu'elle ne s'engageât pas sans nécessité
dans de lointaines et onéreuses expéditions ».

Néanmoins, grâce à l'initiative privée, de grands
intérêts français se développaient dans l'île.

Depuis 1831, un Français, M. Laborde, était installé à Tananarive; il était devenu ingénieur de la
reine et avait acquis par ses nombreuses qualités per-
sonnelles et les ressources de son esprit une situation
exceptionnelle.

Il avait établi une fonderie de canons, une manu-
facture d'armes, une poudrerie; il avait introduit dans
le pays le savon, le verre, les bougies, etc., son influence était illimitée sur le prince héritier, le jeune
Rakoto.

Aussi, lorsque celui-ci eut succédé à Ranavalo Iʳᵉ,
en 1861, sous le nom de Radama II, de grands avantages furent-ils accordés à notre pays.

Napoléon III eut d'abord vis-à-vis du gouvernement
hova une politique assez hésitante; néanmoins, le
4 août 1868, pour garantir la sécurité des intérêts de
nos nationaux, il signa avec lui un traité de commerce.

L'article 4 de ce document renfermait la disposition suivante : « Les Français, à Madagascar, jouiront
d'une complète protection pour leurs personnes et leurs
propriétés. Ils pourront, comme les sujets de la nation
la plus favorisée, et en se conformant aux lois et règlements du pays, prendre à bail ou acquérir toute
espèce de biens meubles et immeubles et se livrer à
toutes les opérations commerciales et industrielles qui
ne sont pas interdites par la législation intérieure... »

C'est à propos de cette loi et de l'envahissement de nos territoires sakalaves par les Hovas, qu'éclata le conflit actuel.

En 1878, M. Laborde mourut, laissant une fortune en biens meubles et immeubles évaluée à plus d'un million de francs. Lorsque ses héritiers voulurent se partager cette succession, le gouvernement hova s'opposa à la vente des immeubles. La terre à Madagascar est inaliénable, prétendait-il, contrairement aux stipulations de l'article 4 du traité de 1868, cité plus haut.

Des débats confus et déloyaux s'ensuivirent; puis, en 1881, fut proclamée la loi nº 85 qui annulait tous les avantages concédés par le traité de 1868. « La terre de Madagascar, y était-il dit, ne saurait être vendue à personne, ni mise en gage entre les mains de qui que ce soit, non sujet de la reine. »

C'était une véritable insulte. Ce ne fut pas la seule. Peu de temps après, notre drapeau était remplacé par le drapeau hova sur la côte nord-ouest, chez les populations sakalaves placées sous notre souveraineté depuis 1840.

Le gouvernement français protesta immédiatement contre de tels agissements; mais ni les menaces de notre consul M. Baudais, ni une démonstration navale opérée par le commandant Le Timbre sur la côte nord-ouest ne purent nous donner satisfaction.

Les Hovas, pendant ce temps, envoyaient en Europe une ambassade avec mission de traîner avec nous les choses en longueur et de gagner à leur cause les principales nations européennes.

C'en était trop, la guerre était indispensable. Nous

donnons dans un chapitre spécial le récit des opérations de la campagne qui, commencée au printemps de 1883, se termina par le traité de paix du 7 mars 1886. Nous obtenions les résultats suivants :

Le gouvernement de la République représenterait Madagascar dans toutes ses relations extérieures ; il occuperait la baie de Diégo-Suarez pour y faire des établissements à sa convenance ; il recevrait une indemnité de 10 millions pour les victimes de la guerre.

Le mot protectorat n'était pas inscrit dans le texte de ce traité ; le premier ministre s'y était opposé formellement ; il espérait ainsi pouvoir jouer plus facilement sur les mots, et arriver peu à peu à éluder toutes les clauses qui consacraient notre ingérence dans les affaires malgaches.

Il n'eut plus dès lors qu'un seul but : faire du traité une lettre morte et par une tactique d'obstruction constante, chasser la France de l'île.

Si, au commencement, il accorda ou fut obligé d'accorder quelques points à M. Le Myre de Vilers, notre premier résident général, l'emprunt de 12 millions au Comptoir d'escompte, l'établissement d'une ligne télégraphique de Tananarive à Tamatave, ce fut toujours malgré lui et il ne négligea rien pour en détruire tout l'effet.

Quelques concessions furent même accordées à nos nationaux, par exemple, le 2 décembre 1886, celle de M. Suberbie, la seule qui aujourd'hui ait une réelle valeur. Mais depuis longtemps les Français ne peuvent plus rien obtenir et c'est assez qu'une réclamation passe par la Résidence pour qu'elle soit aussitôt rejetée.

En 1888 survint la question de l'*exequatur*. D'après les usages diplomatiques, M. Le Myre de Vilers, chargé de représenter Madagascar dans toutes ses relations extérieures, devait être l'intermédiaire obligé entre les représentants des pays étrangers et le gouvernement hova ; c'est lui qui avait qualité pour transmettre à la reine les demandes d'*exequatur*. Le premier ministre, dès que l'occasion s'en présenta, protesta contre cette manière d'agir et prétendit correspondre directement avec les consuls étrangers.

On ne parvint pas à s'entendre et aujourd'hui encore les demandes d'*exequatur* sont adressées tantôt au Résident général, tantôt au premier ministre, selon les dispositions particulières des puissances.

A la suite de cet incident, les relations avec la Cour d'Imerina devinrent extrêmement tendues. Malgré toute leur habileté et toute leur énergie, il fut impossible à nos résidents d'améliorer une situation inextricable.

A nos demandes, à nos réclamations, à nos rappels à l'observation des conventions, le gouvernement hova opposait des fins de non-recevoir ou le silence le plus complet. Il se rendait parfaitement compte de l'impuissance de nos représentants, perdus avec une cinquantaine d'hommes au cœur du pays, à 400 kilomètres de la côte.

Un événement imprévu mit le comble à sa mauvaise volonté et acheva de rendre la guerre inévitable. Le 5 août 1890 fut signée la convention franco-anglaise qui, en échange de l'abandon de nos droits à Zanzibar et dans l'île Pemba, reconnaissait notre protectorat avec toutes ses conséquences à Madagascar.

Voici le texte authentique de cet instrument :

Déclaration du gouvernement anglais.

Le soussigné, dûment autorisé par le Gouvernement de Sa Majesté Britannique, fait la déclaration suivante :

Le Gouvernement de Sa Majesté Britannique reconnaît le protectorat de la France sur l'île de Madagascar, avec ses conséquences, notamment en ce qui touche l'*exequatur* des consuls et agents britanniques, qui devra être demandé par l'intermédiaire du résident général français.

Dans l'île de Madagascar, les missionnaires des deux pays jouiront d'une complète protection. La tolérance religieuse, la liberté pour tous les cultes et pour l'enseignement religieux sont garanties.

Il est bien entendu que l'établissement de ce protectorat ne peut porter atteinte aux droits et immunités dont jouissent les nationaux anglais dans cette île.

Signé : SALISBURY.

Trois mois plus tard, l'Allemagne signait une convention analogue.

Aussitôt la convention connue à Tananarive, ce fut une explosion de plaintes amères et de récriminations. Nos nationaux devinrent en butte à toutes les injustices, à toutes les vexations. La sécurité matérielle et morale indispensable à la réussite des entreprises commerciales et industrielles disparut complètement.

Le gouvernement français protesta à plusieurs reprises, mais inutilement ; cette situation ne pouvait durer. M. Le Myre de Vilers fut envoyé en octobre dernier à Tananarive avec mission de faire à la Cour d'Imerina des représentations énergiques et d'exiger des garanties pour l'avenir.

On connaît le refus des Hovas ; après avoir tout fait pour l'entente amiable et la paix, la France est aujour-d'hui dans la nécessité de combattre.

————

CHAPITRE II

ASPECT GÉNÉRAL DE MADAGASCAR

Nous ne voulons pas donner des accidents orographiques et hydrographiques de Madagascar une nomenclature aride ; l'examen d'une carte bien faite sera, à coup sûr, plus utile et plus profitable.

Quant à l'aspect du pays, voici le résumé des descriptions des explorateurs qui ont parcouru la « Grande Terre ». Partagée en deux versants par un soulèvement qui la traverse dans toute sa longueur, Madagascar a une physionomie différente, selon qu'il s'agit du versant est (Océan Indien) ou du versant ouest (canal de Mozambique).

Vers l'est, les contreforts courts et enchevêtrés offrent des pentes très raides. D'immenses forêts les recouvrent presque partout et les sentiers étroits qui montent de la côte, après avoir traversé une plaine d'alluvions basse et marécageuse, constituent d'interminables défilés.

Au point de vue d'une expédition militaire, l'accès de l'intérieur par la côte est est hérissé de difficultés : pas de vues ; impossibilité de se déployer sur les côtés de la route ; pentes escarpées occasionnant des allongements énormes, des fatigues excessives pour les porteurs.

Vers l'ouest, au contraire, le pays est tout différent. De grandes ondulations dénudées s'étagent doucement et progressivement jusqu'aux points culminants. De ce côté, pas de forêts, pas de défilés ; on voit loin devant soi. Une colonne expéditionnaire pourrait y manœuvrer facilement contre un adversaire qui s'opposerait à sa marche. Elle trouverait en outre d'excellents moyens de ravitaillement dans les rivières qui rayonnent de la province de l'Imerina, navigables sur des parcours de 200 kilomètres.

Le versant occidental est, il est vrai, dénué de toute ressource, tant d'alimentation que de cantonnement, mais une direction prévoyante sait parer à ces inconvénients.

La partie culminante de l'île constitue la province de l'Imerina et la contrée Betsiléo ; les Hovas l'appellent le « nid d'aigle ».

Le pays est généralement découvert, mais très mouvementé.

La population est, dans l'Imerina, plus dense que partout ailleurs. Autour de la capitale hova, s'étendent de nombreux villages bâtis en terre et en brique qui forment une banlieue immense.

Pour compléter cette rapide description, nous donnons ci-dessous un extrait des renseignements recueillis à la suite d'une reconnaissance exécutée par un officier de Majunga à Tananarive, en 1893.

La route de Majunga à Suberbieville et particulièrement de ce dernier point à Tananarive présente un aspect triste et désolé. Partout où la vue peut s'étendre, on ne voit que collines ou montagnes rougeâtres sans arbres, pelées ou couvertes d'herbes séchées par le soleil. Ces herbes atteignent parfois deux mètres de hauteur et répandent le matin et par temps de brume des

exhalaisons malsaines. A partir du mois de juillet, les
indigènes mettent le feu aux herbes, afin de renouveler
les pâturages, et le même incendie détruit indistincte-
ment les chaumes inutiles et les rares arbustes qui
avaient réussi à sortir de terre depuis l'année précé-
dente.

Cette coutume barbare ne peut qu'être favorable à
la marche d'une colonne expéditionnaire. Les nombreux animaux de bât ou de trait trouveront ainsi leur
fourrage sur place et les troupes marchant en pays
découvert n'éprouveront pas cette fatigue et cette chaleur malsaine que l'on éprouve en Indo-Chine, dans
la traversée des hautes herbes et de la brousse.

Les services d'exploration et de sûreté y trouveront
également leur bénéfice.

Le bois, dans ces conditions, est nécessairement très
rare et dans le désert de 500 kilomètres qui sépare
Majunga de Tananarive, on ne rencontre que deux
bois taillis de 6 kilomètres d'étendue chacun (entre Marovoay et Traboungy), et quelques bouquets d'arbres.

En revanche, tous les cours d'eau sont bordés d'arbres qui pourront être utilisés pour la cuisson des aliments. Enfin de grandes herbes sèches trouvées dans
le voisinage de la route fourniront de leur côté un excellent et inépuisable combustible.

A Tananarive on n'en emploie pas d'autre et c'est
un spectacle curieux que de voir chaque matin, le long
des canaux de l'Ikopa, des centaines de pirogues char-
gées de montagnes de bottes de foin destinées au chauf-
fage de la capitale.

Si la route est dépourvue d'arbres, elle l'est également d'habitations. C'est à peine si de Marovoay, au

fond de la baie de Bombetoke, à Ankazobé, premier
village de l'Imerina, sur un parcours de 300 kilomètres, on rencontre, soit sur la route, soit dans les environs, une quarantaine de villages, sortes de colonies
militaires composées d'une trentaine de cases en rafia.

Certains explorateurs ont donné à ces misérables
agglomérations le nom de forts ; on leur attribue sur
les cartes le signe conventionnel réservé aux ouvrages
de fortification permanente. C'est leur faire vraiment
trop d'honneur.

Les villages militaires qui jalonnent la route de
Marovoay à Suberbieville sont généralement situés
dans des positions avantageuses, mais ils n'ont ni fossés ni parapets. Une simple palissade en bois de 2 mètres de haut, précédée elle-même d'une haie de cactus
épineux de 3 à 4 mètres d'épaisseur, constitue toute
leur défense. A l'intérieur, une seconde palissade entoure la demeure du gouverneur et prend le nom de
rova (on prononce rouve).

De Suberbieville à Ankazobé, les procédés de défense diffèrent : les villages sont entourés d'un fossé
de 3 à 4 mètres de profondeur, de 3 mètres de large et
d'un parapet en terre battue de $0^m,60$ d'épaisseur et
de 2 mètres de haut, mais ils sont toujours dominés à
courte distance par des hauteurs facilement accessi-
bles. Ces modestes défenses, à peu près suffisantes pour
arrêter une attaque de sauvages, ne sauraient tenir
devant une troupe européenne ; elles commencent
même à ne plus en imposer aux *fahavalos* (voleurs).

A partir d'Ankazobé, premier bourg de l'Imerina,
les villages deviennent plus nombreux et changent
d'aspect ; les maisons sont construites à l'européenne,

en brique ou en pisé ; elles ont un étage et sont couvertes en tuiles.

Enfin de Fiarona à Tananarive, sur un espace de
70 kilomètres, les maisons se suivent, pour ainsi dire,
sans interruption, les terrains incultes disparaissent
et le sol, en dehors des parties habitées, est couvert de
magnifiques rizières.

Dans cette région favorisée, les troupes peuvent
facilement cantonner, mais avant d'y arriver, elles
seront obligées de camper ou de bivouaquer.

Ajoutons qu'il ne faut compter en aucune façon
trouver des vivres dans la contrée traversée, car les
Hovas évacueront certainement leurs bestiaux et leurs
provisions.

CHAPITRE III

CLIMATOLOGIE, PATHOLOGIE, HYGIÈNE

En ce qui concerne la climatologie, nous envisagerons la situation respective de chacune des trois grandes divisions de l'île : côte est, plateau central, côte ouest et Bouéni. Au point de vue de la salubrité et de l'hygiène, nous étudierons surtout cette dernière région, au travers de laquelle le corps expéditionnaire fera son plus long trajet : 300 kilomètres sur 500. D'ailleurs, la morbidité des autres parties de l'île présente les mêmes caractères (à des degrés bien moindres cependant sur le plateau central) et l'hygiène à observer est partout la même.

CLIMATOLOGIE.

Côte est. — La côte est a un climat chaud et humide, sauf à ses extrémités nord et sud : la température de Diégo-Suarez est plutôt sèche, grâce aux brises continuelles qui règnent dans ces parages ; Fort-Dauphin et le pays au sud jouissent d'un climat tempéré et relativement sec.

Exception faite pour cette dernière zone, le séjour sur la côte débilite rapidement l'Européen.

On observe à Madagascar deux saisons : l'une sèche, correspondant à des températures minima ; l'autre humide, avec les plus fortes chaleurs.

Sur la côte est, la première commence en avril et se termine au mois de décembre ; elle est caractérisée par la rareté des pluies, qui généralement ne se produisent plus que la nuit et par un abaissement progressif de la température jusqu'en juillet, où elle atteint son minimum, 17°. La seconde va de décembre à avril ; pendant cette période, les pluies orageuses et torrentielles sont fréquentes ; il règne une humidité désagréable et les chaleurs vont croissant pour devenir parfois excessives en février (32°).

Plateau central. — La saison chaude comprend les mois d'octobre à mars inclusivement. Les pluies sont plus abondantes en novembre et décembre et disparaissent peu à peu en mars et avril. Les températures les plus élevées, qui atteignent quelquefois 30°, correspondent à novembre et décembre.

La saison sèche, qu'on peut aussi dénommer dans cette région saison fraîche, va d'avril à septembre inclus ; les mois les plus froids sont ceux de juillet et août, pendant lesquels la température varie de 8° à 17°.

Le plateau central peut être considéré comme jouissant d'un climat tempéré : d'après les observations faites à Tananarive, durant seize ans, par le R. P. Colin, les moyennes des températures des mois les plus chauds, décembre, janvier et février, sont les suivantes : 20°, 20°,4, 20°,6, et celles des mois les plus froids, juin, juillet et août : 14°,9, 14°,2, 14°,6.

Cette situation favorisée est éminemment propice à la colonisation : les Européens peuvent se livrer, sur le territoire hova, à tous leurs travaux, à toutes leurs occupations accoutumés.

Elle permettra au corps expéditionnaire de terminer sa tâche dans de bonnes conditions hygiéniques ; nul doute en effet que les tempéraments fatigués par la traversée du Bouéni ne se refassent rapidement une fois les hauts plateaux atteints.

La longueur du trajet dans cette région, de Mahévétanana à Tananarive, sera de 200 kilomètres environ.

Côte ouest et Bouéni. — « La saison des pluies est annoncée par quelques pluies légères en octobre ; puis le beau temps se rétablit jusque vers la fin du mois. En novembre, les pluies sont plus ou moins fréquentes, et ce n'est guère que vers le commencement de décembre qu'elles deviennent à peu près quotidiennes. Elles sont orageuses et torrentielles ; elles s'accompagnent d'un abaissement de température relatif, mais qui n'expose guère aux refroidissements ; même au fort de l'orage, le thermomètre se maintient communément vers et au-dessus de 24°. Les pluies persistent ainsi pendant les mois de janvier et de février, deviennent moins fréquentes en mars et cessent en avril.

« L'humidité est considérable pendant cette période.

« La saison sèche justifie son nom. C'est d'une façon exceptionnelle que l'on peut voir tomber quelques gouttes d'eau d'avril à octobre.

« Les brouillards sont très rares dans la région. Le serein est inconnu ; parfois dans la saison sèche il se produit vers le matin, aux heures des plus basses températures, une rosée assez abondante. »

Température.

Degrés.

		Degrés.
Saison des pluies.	Maximum (moyenne)	38
	Moyenne vers 1 heure après midi . . .	34
	Moyenne vers 3 heures du matin. . . .	24
	Minimum (moyenne)	22
Saison sèche.	Maximum (moyenne)	34
	Moyenne vers 1 heure après midi . . .	30
	Moyenne vers 3 heures du matin. . . .	19
	Minimum (moyenne)	16

Tension électrique. — « Appréciée seulement par ses effets physiologiques très marqués au moment des orages et se traduisant par les symptômes habituels : abattement, surexcitation nerveuse, paroxysmes morbides [1]. »

PATHOLOGIE.

« Des trois grandes classes d'affections qui frappent les armées en campagne : affections palustres, dysentériques et typhiques, le premier groupe seul est un facteur important de la morbidité dans le Bouéni.

« L'endémie palustre y est sévère, mais la dysenterie, assez peu fréquente chez l'indigène et généralement bénigne, est assez rare chez l'Européen ; les affections typhiques (typhoïde, typho-malariennes) y sont exceptionnelles [2]. »

---

1. Dr Lacaze.
2. *Idem.*

Affections palustres. — Par ordre de fréquence, les affections palustres affectent les formes suivantes :

Les fièvres intermittentes à type quotidien, atypiques, tierces, pernicieuses, la rémittente bilieuse, la bilieuse hématurique (rare), les névralgies palustres, le paludisme chronique (assez fréquent).

On a remarqué que ces affections se contractent plus facilement pendant la saison des pluies que pendant la saison sèche. Toutefois, celle-ci est loin de présenter une immunité complète et les précautions hygiéniques spéciales sont à observer en tout temps.

Ce n'est guère que pendant la traversée du Bouéni, c'est-à-dire de la côte au plateau central, que la fièvre est à redouter.

Sur le plateau central, on trouve des températures tempérées, un air plus vif, aussi les affections palustres y sont-elles rares et bénignes.

On se débarrasse facilement dans l'Imerina des affections contractées dans le bas pays.

Dysenterie. — Ainsi que nous l'avons dit plus haut, elle est rare et bénigne, mais sévit toute l'année. Elle n'a pas de recrudescence saisonnière. Les complications hépatiques de la dysenterie sont rares. Mais le seul fait de son existence doit faire prévoir qu'elle peut devenir épidémique et grave du fait de l'encombrement résultant d'une immigration européenne en masse.

En dehors de ces affections principales qui menacent tout le monde, il est bon de citer les suivantes dont la fréquence est moindre ou qui pourront être facilement évitées, moyennant certaines précautions.

Affections vénériennes. — La syphilis est générale dans la population indigène ; les affections blennorrhagiques et chancrelleuses sont très fréquentes. Il y a là pour l'Européen immigré un danger constant.

Insolation. — Assez rare chez l'Européen vivant et travaillant isolément. Est à prévoir assez nombreuse en cas d'encombrement et d'exercice au soleil.

Fièvres éruptives. — La variole existe à l'état endémique. Quoique les cas n'en soient pas très nombreux, tout Européen immigrant doit être vacciné ou revacciné.

Affections cutanées. — La gale est assez fréquente dans les basses classes de la population indigène.

Plaies d'ulcérations. — Chez les individus sains et robustes, les plaies guérissent bien et rapidement ; bien traitées, elles peuvent guérir également chez l'Européen même un peu débilité.

CONSEILS D'HYGIÈNE.

Repas. — La coutume de l'apéritif est dangereuse.

L'absorption d'une grande quantité d'eau avant le repas, au lieu d'exciter l'appétit, emplit l'estomac qui, déjà mal disposé par suite de la fatigue occasionnée par la chaleur, se refuse à recevoir une quantité d'aliments suffisante.

Faire bouillir l'eau, ou la filtrer, surtout si elle ne provient pas d'un cours d'eau rapide. Les indigènes eux-mêmes ne boivent ordinairement que de l'eau bouillie. L'usage du thé léger est recommandé.

Le vin pur ou coupé d'eau est un tonique dont les Européens se passent difficilement. Éviter les excès de boissons alcooliques. Ils sont presque toujours suivis d'un accès de fièvre et prédisposent à l'insolation.

La nourriture doit être substantielle ; les bœufs du pays fournissent une viande d'assez bonne qualité. A défaut de légumes frais, manger du riz.

Ne pas charger l'estomac d'une grande quantité d'aliments.

Vêtements. — De la côte au plateau central, c'est-à-dire pendant 300 kilomètres environ, la tenue coloniale peut seule être supportée.

Dolman et pantalon blancs, chemise légère, casque insolaire. Pour la nuit, avoir à portée un dolman et une ceinture de flanelle.

Sur le plateau central, la tenue de drap pour les hommes (pour les officiers la même tenue ou la tenue coloniale en flanelle) est indispensable.

Précautions contre la fièvre. — Ne pas se mettre en marche à jeun ; ne pas boire d'eau stagnante ; faire bouillir l'eau ou la filtrer.

En prévision d'une journée fatigante, absorber une dose de $0^{gr},25$ de quinine avant de se mettre en marche.

Les médecins de Madagascar recommandent le bromhydrate ou le chorhydrate de quinine.

L'usage journalier du quinquina, sous forme d'alcoolé, par exemple, est très recommandé.

Certains médecins conseillent l'usage constant de la quinine, à raison de $0^{gr},25$ tous les deux jours.

Précautions contre la dysenterie. — Alimentation aussi régulière que possible. Port habituel de la ceinture de flanelle, surtout la nuit. Ne pas boire d'eau stagnante. Éviter le contact des objets à l'usage des dysentériques.

Précautions contre l'insolation. — Ne jamais boire d'alcool largement avant d'aller au soleil. Port constant du casque. Usage du mouchoir mouillé au besoin.

Précautions à prendre au bivouac. — S'isoler du sol le plus possible; s'envelopper d'un moustiquaire, se couvrir le ventre d'une ceinture de flanelle.

Conseils généraux. — Éviter tout excès de boisson, tout excès sexuel. Les médecins résidant à Madagascar sont unanimes à dire que l'intempérance ou la débauche se paient immédiatement d'un accès de fièvre.

Ne pas oublier que les affections syphilitiques et blennorrhagiques sont courantes chez les femmes hovas.

Les soins de propreté, les soins de la peau en particulier, ont une importance considérable, la transpiration régulière étant la meilleure défense contre l'influence nocive de la haute température du pays. Toutefois, les bains de rivière donnant quelquefois la fièvre, il sera sage de n'en pas user.

Renouveler fréquemment les vêtements imprégnés de sueur.

Pour terminer ce chapitre, nous nous empressons de donner l'opinion unanime des médecins français résidant à Madagascar, sur l'acclimatement des Européens dans le pays : il se fait facilement, sans tribut à la maladie, pourvu qu'on soit tempérant et qu'on prenne les précautions hygiéniques recommandées par l'expérience.

CHAPITRE IV

LES POPULATIONS

On sait que plusieurs peuples habitent Madagascar et qu'ils appartiennent à la race noire, sauf les Hovas, qui sont de race jaune.

D'après certains savants, aucun de ces peuples ne serait autochtone, tous proviendraient de naufragés ou de navigateurs qui auraient abordé dans l'île à des époques plus ou moins éloignées et inconnues.

Il est certain, en effet, que des différences physiques considérables caractérisent les principales familles malgaches.

Nous n'entrerons pas dans de plus grands détails sur l'ethnographie des indigènes, nous rappellerons seulement les traits essentiels des différents peuples et indiquerons succinctement leur situation vis-à-vis des Hovas.

C'est en effet sur ces derniers que se concentre tout l'intérêt; en conséquence, nous avons groupé autour d'eux les différents peuples qui leur obéissent presque complètement, tels que les Antsianacs, les Betsiléos, les Benazanozanas, les Betsimisaraks, les Antancars et les Antaimours.

Nous avons ensuite passé en revue les populations qui ne sont que partiellement soumises, en commençant par les Sakalaves, leurs adversaires les plus puissants. Après eux viennent les Antanosses, les Tanales et les Bares.

Quant aux peuples encore libres, les Mahafales, les Antandroys et les Machicores, leur importance politique est nulle; nous n'avons guère fait que les citer.

HOVAS ET PEUPLES SOUMIS AUX HOVAS.

Hovas. — On désigne ainsi la population de l'Imerina, dont le gouvernement, résidant à Tananarive, a étendu son action sur la presque totalité de Madagascar. Au point de vue ethnographique, les Hovas semblent être de race malaise. Leurs traditions, d'accord avec celles des populations qui les ont précédés, les font venir de l'est. Naufragés sur la côte et en butte aux entreprises malveillantes des naturels, ils se seraient, paraît-il, retirés dans l'intérieur et auraient peu à peu conquis par les armes leur place au soleil. Plus intelligents, plus énergiques que leurs voisins, établis dans le pays le plus sain, le plus fertile, ils ont progressivement étendu leur domination. Aujourd'hui, à part quelques tribus sauvages du sud, les peuples de Madagascar sont sous leur dépendance ou tout au moins subissent leur influence.

L'histoire des rois hovas remonte au seizième siècle, mais jusqu'au commencement du dix-neuvième, elle est si bien ignorée que les colons et les explorateurs français qui, dès 1601, abordèrent dans l'île, n'en font aucune mention.

C'est sir R. Farquhar, gouverneur anglais de l'île Maurice en 1815, qui a inventé les Hovas, selon la pittoresque expression de M. de Mahy. Contraint de restituer à la France l'île de Madagascar, occupée par son gouvernement pendant les guerres de l'empire, il s'ingénia à créer dans le pays une puissance capable de contrebalancer notre influence.

Les Hovas étaient de toutes les tribus la plus active, la plus susceptible de transformation immédiate ; il sut les gagner et devenir peu à peu leur conseiller.

Depuis cette époque l'Angleterre a su conserver sa position vis-à-vis du gouvernement hova. Dans tous nos démêlés avec lui, nous la trouverons s'efforçant d'enrayer notre action et de retarder notre mainmise définitive sur l'île.

Voici le portrait que donne des Hovas M. Grandidier, qui visita Madagascar avant 1870 ; il ne s'est pas modifié : « Les Hovas sont généralement de taille plus petite que les autres peuplades malgaches, mais ils sont néanmoins pleins d'énergie et adroits ; si l'on peut avec raison leur reprocher leur ignorance, leur hypocrisie, leur égoïsme, leurs cruautés, défauts naturels dans une population livrée de tout temps à la barbarie, mais qui tendent à disparaître, ils n'en sont pas moins intelligents, travailleurs, économes et relativement sobres ; et à cause de ces qualités très réelles, on ne saurait les comparer aux autres tribus malgaches, qui leur sont inférieures par leur penchant à l'ivrognerie, par leur paresse et par leur prodigalité. »

Les Hovas ne forment que le tiers de la population de l'île ; c'est la meilleure preuve de leur supériorité.

Peuples soumis aux Hovas. — Nous désignons sous cette rubrique les peuples qui ont accepté de fait l'administration hova ; mais il est bon de dire que leur soumission est loin d'être absolue. Ils ne montrent aucune sympathie pour des vainqueurs qui les oppriment durement, et il est certain que si les temps deviennent durs pour les Hovas, ils n'hésiteront pas à se soulever contre eux.

Antsianacs. — Les Antsianacs sont établis au nord de l'Imerina, à l'extrémité du plateau central. Population insouciante et paisible, soumise depuis la fin du siècle dernier, ils n'ont fait aucune tentative pour recouvrer leur indépendance. Le gouvernement hova entretient chez eux deux gouverneurs.

Betsiléos. — Le pays des Betsiléos comprend la partie du plateau central située au sud de l'Imerina. Les Betsiléos n'ont été soumis qu'après des luttes acharnées ; pour eux, l'administration hova est particulièrement dure et tracassière. Il n'y a aucune sécurité pour la propriété ni pour le commerce. Aussi le pays est-il très troublé ; des bandes de *fahavalos* (voleurs), composées de soldats déserteurs, d'habitants révoltés contre les exactions, parcourent le pays et opèrent partout des razzias.

Huit gouverneurs assurent chez eux la domination des Hovas. La capitale, Fianarantsoa, compte 10,000 âmes.

Betsimisaraks. — On désigne ainsi l'ensemble des populations de la côte est, de la baie d'Antongil à Mananzare. Amollis par la température plus chaude de la côte, les Betsimisaraks se distinguent par leurs mœurs douces et faciles et leur répulsion pour le travail assidu. Ils se contentent de récolter les produits que le sol leur fournit abondamment, presque sans culture, et vivent misérablement dans des cases primitives. Quelques peuplades montrent pourtant du goût pour la navigation.

La côte, dans cette partie de l'île, présente plusieurs ports, dont les plus importants sont ceux de Fénérive, Foulpointe, Vohémar, Andevorante, Vatoumandry ; mais le centre le plus considérable de toute la côte est et même de toute l'île, après Tananarive, est sans contredit Tamatave. C'est en ce point que vient se concentrer la plus grande partie du commerce d'importation et d'exportation.

La France y avait établi une résidence et un tribunal ; l'Angleterre, l'Allemagne et l'Italie y ont chacune un consul.

Tamatave, bureau de l'Union postale, est reliée avec toutes les localités importantes de l'île par un service de courriers piétons et en outre, avec la capitale, par une ligne télégraphique.

Trois compagnies maritimes y font escale : les *Messageries maritimes,* la *Compagnie havraise* et la *Castle Line* (anglaise).

La ville est bâtie sur une pointe de sable d'un kilomètre environ de longueur, entre deux baies ; celle de l'est, très grande et ouverte, constitue une rade assez vaste et d'une bonne tenue, pendant la saison sèche, de mars à novembre.

Cet avantage et sa proximité de la Réunion et de Maurice, en même temps que de Tananarive, ont fait la fortune de Tamatave.

Elle est percée de rues dirigées dans le sens de sa longueur, reliées par des ruelles transversales. Le quartier européen qui renferme les consulats, banques et maisons de commerce, regarde la rade ; les villages indigènes sont de l'autre côté de la pointe ou vers l'intérieur.

Enfin un faubourg composé d'habitations de plaisance entourées de jardins s'étend le long de la côte sud.

Malheureusement, le service de la voirie est nul et si quelques habitations encadrées dans de jolis jardins présentent un aspect agréable, un plus grand nombre, au contraire, construites avec des matériaux de rebut, sont entassées pêle-mêle.

On trouve dans la ville deux hôtels et de nombreux magasins de comestibles, liquides, objets d'habillement et d'ameublement; la vie y est relativement chère.

Tamatave renferme 12,000 habitants, dont 400 Européens environ.

Benazanozanas. — Ils habitent la vallée du Mangour, entre l'Imerina et le pays des Betsimisaraks; comme ceux-ci, ils sont complètement soumis aux Hovas qui les emploient à porter des fardeaux entre la côte et Tananarive.

Leur capitale, Mouroumangue, a une population de 3,000 âmes; un gouverneur hova y réside.

Antankars. — Les Antankars occupent l'extrémité nord de Madagascar. De 1820 à 1840, ils ont été soumis aux Hovas; à cette dernière date, ils ont essayé de secouer le joug. Mais, désespérant du succès de cette tentative, leur roi, Tsimiar, céda ses États à la France et se retira à Nosi-Mitsiou.

Nous avons toujours négligé de tirer un parti effectif des droits qui nous ont été ainsi cédés et les Hovas ont pu s'installer librement dans le pays.

Les Antankars font un grand commerce de bœufs qu'ils vendent à Diégo-Suarez ou à Vohémar. Ils nous ont rendu quelques services pendant la dernière campagne, en qualité d'auxiliaires et de porteurs.

Antaimours. — Leur pays s'étend le long de la côte est, au sud des Betsimisaraks, de Mananarre à Farafanga. Les Antaimours n'ont jamais été complètement soumis et ils entretiennent une haine vivace contre leurs vainqueurs.

C'est le peuple le plus travailleur de Madagascar ; chaque année, un grand nombre d'entre eux quittent le pays et vont se louer dans d'autres parties de l'île.

PEUPLES DEMI-INDÉPENDANTS.

Les Sakalaves. — Les Sakalaves avaient autrefois une situation prépondérante à Madagascar et occupaient une étendue de 10 degrés géographiques, de la presqu'île d'Ankify, au nord, à la baie Saint-Augustin, au sud. Les Hovas leur payaient tribut.

Mais des dissensions intestines résultant de compétitions pour la succession au trône les divisèrent et émiettèrent pour ainsi dire l'autorité.

Dans ces conditions, malgré leur bravoure et leur haine très violente contre les Hovas, ils ne purent résister aux invasions de ces derniers.

Ils ne sont pas encore complètement soumis, mais les Hovas s'infiltrent de plus en plus chez eux. Les gouverneurs, appuyés sur des postes militaires dont le nombre croît sans cesse, arrachent petit à petit aux chefs sakalaves le peu d'autorité qui leur reste.

Au physique, les Sakalaves sont mieux constitués

que les Hovas; ils possèdent une réelle valeur guerrière, mais ils ont un penchant immodéré pour la vie nomade et le pillage.

On a prétendu qu'ils sont les alliés de la France, c'est exagéré.

Leur haine du Hova les pousse à rechercher notre appui; on aurait tort de tirer de cette attitude toute politique et égoïste la conclusion qu'ils ont des sympathies pour nous.

Les Sakalaves sont répartis aujourd'hui en quatre divisions principales et autonomes du Bouéni, de l'Ambongou, du Ménabé et du Fiéréné.

Le *Bouéni*, la plus importante des quatre, s'étend de la presqu'île d'Ambatou au cap Saint-André. Il relève du gouverneur hova de Majunga.

Peuplé seulement le long de la mer, il présente dans l'intérieur d'immenses solitudes à peu près incultes.

Parmi les nombreux rois et reines de cette contrée, nous ne citerons que le roi Tsiaras, frère du roi Monza, mort en 1887, et la reine Binao, établis respectivement au nord et au sud de la baie de Passandava, dont les sujets nous fournirent pendant la dernière campagne des auxiliaires, soldats, porteurs, guides....

Majunga, sur la baie de Bombétoke, est la ville la plus importante de toute la région, la troisième de l'île entière.

A proximité de Nossi-Bé, Mayotte et Mozambique, au fond d'une rade étendue, d'une bonne tenue pour les navires, elle possède en outre l'avantage de se trouver à l'embouchure du fleuve Betsiboka, dont le principal affluent, l'Ikopa, contourne une partie de la ville de Tananarive.

Bien que plus éloignée de 150 kilomètres de la capitale de l'île que Tamatave, elle tire de la pente plus douce des terrains, du voisinage de ces importants cours d'eau, de la possession d'un mouillage sûr et proche, des avantages qui lui promettent, dans un avenir prochain, une supériorité incontestée sur sa rivale.

Lorsque la paix revenue, elle sera reliée à Tananarive par un chemin de fer à voie étroite, elle deviendra incontestablement l'entrepôt principal de Madagascar.

Vue du mouillage, avec ses maisons de pierre que continue une ligne de cases de plus d'un kilomètre, adossée à une colline couverte de manguiers, dominée par le *rova* hova, Majunga a l'air d'une véritable cité. De près, il faut en rabattre.

La ville se compose de soixante maisons de pierre ou torchis et cinquante-deux recouvertes de tôle ou surmontées d'une terrasse. Le reste est une agglomération de huit cents cases de paille, pour la plupart entourées d'une clôture de même nature et disposées sans grand ordre.

A part deux grandes artères parallèles au rivage, il n'y a pour ainsi dire pas de rues.

L'éclairage, l'entretien des routes, les soins les plus élémentaires de voirie sont choses totalement inconnues.

« Le long du Betsiboka et de l'Ikopa et jusqu'à Kinaze à 340 kilomètres du littoral, sont répartis les postes hovas, qui assurent les communications avec Tananarive. Les principaux de ces postes, Kinaze, Ampoutac, Malatse, Ampassiri, Ankoale, Bessève, ne sont que des villages de cent à cent vingt cases environ. Le pays qu'ils jalonnent est très mamelonné et parfois montagneux ; les plus hautes cimes atteignent 1,200 mètres ; mais les arbres font partout défaut et la vue se repose toujours sur un horizon assez étendu [1]. »

L'*Ambongou* s'étend de la baie de Baly jusqu'au sud de Maintirano. Il est divisé en plusieurs états. Les Hovas ont voulu le conquérir en 1835, mais décimés par les fièvres, ils ont dû renoncer à leurs entreprises et le pays est toujours indépendant.

Les principaux ports de cette partie de la côte sont Tambouarane et Maintirano.

Le *Ménabé* comprend la contrée au sud de l'Ambongou, jusqu'à la rivière Mangouc. Une partie du pays, celle du nord, est indépendante, l'autre est soumise aux Hovas.

Le Ménabé indépendant obéit au roi Touère et à son frère Angarèze ; les habitants de cette région, paresseux et pillards, n'ont ni commerce ni industrie.

Le Ménabé soumis appartient à la reine Rasaotra qui réside dans le fort de Mahabo, auprès du gouverneur hova.

Les ports les plus importants sont Ambato et Morondava, escale de la Compagnie des Messageries maritimes.

Comme le Bouéni, la contrée, assez peuplée sur la côte, est déserte dans l'intérieur ; elle est également reliée à l'Imerina par une succession de postes hovas.

Le *Fiérène* est compris entre le Mangouc et la baie Saint-Augustin ; c'est le berceau des anciens rois sakalaves, dont les reliques sont encore conservées aux environs de Tulléar.

---

1. *Madagascar en 1894*, par A. Martineau.

Une partie du Fiérène est toujours indépendante, les Hovas ne sont établis que dans le sud, à Tulléar, Saint-Augustin et environs.

Antanosses. — Les Antanosses sont les Malgaches de Fort-Dauphin et environs. Leurs traits sont plus délicats que ceux des autres peuplades de la côte ; leur couleur est moins foncée ; leurs cheveux sont fins et bouclés. Ils sont soumis aux Hovas, mais l'autorité du gouverneur ne s'étend pas au delà de Fort-Dauphin.

« Fort-Dauphin se trouve au sommet de dunes de 40 à 50 mètres de hauteur. On accède à la ville par un sentier qui débouche à la plage près du hangar de de la douane. Au pied des dunes se trouvent des rochers, au milieu desquels on voit la vague finir en gerbes et en jets d'eau intermittents d'une grande hauteur. L'aspect de la ville et des environs est tout européen. L'atmosphère n'est pas lourde comme à Tamatave et sur les autres points peu élevés de la côte. L'air est au contraire vif et frais et les Européens peuvent, dit-on, vivre dans d'excellentes conditions.

« Le fort construit par les Français en 1642 est une vaste enceinte dans laquelle se trouvent établies aujourd'hui un grand nombre de cases habitées par les soldats hovas ; elles forment une sorte de village hova à côté du village malgache. Il en est ainsi du reste dans toutes les villes de quelque importance. A l'extrémité nord de l'enceinte, dans une sorte de cour d'honneur, se trouve l'habitation du gouverneur. Il ne reste guère comme souvenir de l'occupation française que les tours et les murailles du fort, dont les ruines semblent défier les années. Il ne reste plus aucune

trace des autres constructions européennes ; on cher-
cherait en vain le cimetière et l'église de nos compa-
triotes du dix-septième siècle. La population de Fort-
Dauphin est d'environ 2,000 habitants, dont les trois
quarts parlent et comprennent le français[1]. »

Tanales. — Les Tanales habitent les contreforts
orientaux de l'extrémité sud du plateau Betsiléo. Leur
pays est couvert de forêts, il est incomplètement soumis.

Bares. — Ils sont établis au sud des Betsiléos et à
l'est du Fiérène. Les nombreuses expéditions des Hovas
pour les réduire sont restées à peu près infructueuses ;
elles n'ont amené que l'occupation d'Ihouse.

Le pays des Bares est à peu près inconnu.

PEUPLES INDÉPENDANTS.

L'extrémité sud de Madagascar est occupée par les
Mahafales, les *Antandroys* et les *Machicores*, peuples
absolument sauvages, en luttes intestines constantes,
rebelles à toute civilisation.

On a les plus grandes peines à établir des relations
commerciales avec eux et les établissements fondés sur
leur côte sont loin de jouir d'une sécurité suffisante.

---

1. *Madagascar en 1894*, par A. Martineau.

CHAPITRE V

LE GOUVERNEMENT ET L'ADMINISTRATION HOVAS

On s'imagine volontiers que le gouvernement hova est basé, comme ceux d'Europe, sur une constitution régulière, toujours observée. C'est une erreur, s'il y a à Madagascar des lois écrites, elles sont, la plupart du temps, lettres mortes, les faits les contredisent en toutes choses.

En se donnant une législation, les Hovas, conseillés par les Anglais, n'ont eu qu'un but : en imposer à l'Europe ; faire croire qu'ils sont en pleine voie de civilisation et qu'ils peuvent se passer de tutelle.

Nous allons voir que leurs institutions sont rudimentaires et que la fantaisie, l'arbitraire, l'injustice, se retrouvent partout, dans le gouvernement, l'administration et l'armée.

GOUVERNEMENT.

La reine. — La reine est la première autorité de l'île, mais son pouvoir n'étant pas établi sur une constitution régulière, est absolument nul.

L'usage est de la prendre dans la descendance directe d'Andrianampouine ; toutefois, l'ordre de succession n'est nullement déterminé.

Depuis quarante ans environ, la reine étant la femme légitime du premier ministre, le soin de la choisir est laissé au bon plaisir de celui-ci. La reine actuelle, Ranavalo III, règne depuis 1883 ; elle est âgée de 35 ans.

Rien dans son attitude, son maintien ou son éducation ne la distingue des autres femmes du peuple ; elle est tout aussi ignorante et insignifiante.

Éloignée systématiquement des affaires, elle vit confinée dans un palais avec ses femmes de service et passe son temps à des amusements enfantins.

Ses sympathies sont, paraît-il, tout anglaises ; elle est le chef de la religion.

Premier ministre. — L'institution du premier ministre remonte à Ranavalo Ire (1828-1861). A cette époque, ce haut fonctionnaire n'avait qu'un pouvoir assez restreint et subordonné à l'autorité royale ; il n'était guère que l'amant de la reine.

Mais ses fonctions augmentèrent peu à peu d'importance ; Rainilaiarivony, le premier ministre actuel, accapara bientôt toute l'autorité et les rôles furent renversés. Aujourd'hui, c'est lui qui choisit la reine et c'est lui qui gouverne. Au pouvoir depuis 1864, il en est à sa troisième épouse et reine.

Une idée unique préside à toutes ses actions : décourager les étrangers, quels qu'ils soient, de s'établir à Madagascar, et, pour cela, accumuler autour de leurs entreprises commerciales ou industrielles tous les obstacles possibles.

Ce programme s'applique aussi bien aux Anglais qu'aux Français. Si les conseils des premiers sont acceptés en politique, lorsqu'il s'agit de refouler l'influence française, leurs tentatives, pour créer dans l'île des intérêts anglais, échouent tout aussi bien que les nôtres.

Néanmoins, en prévision d'événements qui pourraient nous éloigner momentanément de la « grande île », ils encouragent de plus en plus leurs pasteurs méthodistes dans leur entreprise pour accaparer toute influence.

Aussi les missions protestantes progressent-elles rapidement.

Grâce aux méthodistes, les Hovas ont une religion officielle (ce qui ne veut pas dire qu'ils ont des convictions religieuses), un arsenal de lois, de codes, de règlements très complets, mais auquel on ne recourt que pour faire illusion. Toute cette belle législation n'est en effet qu'apparence et, dans la réalité, l'arbitraire le plus absolu et l'injustice la plus criante caractérisent tous les actes du gouvernement.

La famille du premier ministre est en pleine lutte intestine. Son fils Rajoël, après avoir empoisonné son frère aîné, a tenté de renverser son père ; il est actuellement exilé à Amboustre, sur les confins du pays Betsiléo ; de nombreux amis, qui escomptent son arrivée au pouvoir, lui restent fidèles.

Mais les préférences de Rainilaiarivony sont pour son petit-fils Ratilifère ; c'est à lui, paraît-il, qu'il réserve sa succession ; un parti nombreux s'est en conséquence formé autour de ce jeune homme qui n'a qu'une vingtaine d'années.

Quant à la reine, elle aurait, paraît-il, déclaré que toutes ses sympathies sont pour Rajoël.

Quel sera dans ces conditions le successeur de Rainilaiarivony ? Il est difficile de le dire. Mais que ce soit l'un ou l'autre ou même un troisième, la France peut être certaine que le futur premier ministre suivra la politique de celui d'aujourd'hui. Elle aurait tort d'espérer qu'une ère nouvelle marquerait la chute du gouvernement actuel.

Cabinet. — Le premier ministre est assisté d'un « cabinet », composé des hommes les plus influents du royaume choisis par lui seul. C'est d'ailleurs un organe purement consultatif, sans aucune autorité effective. Le gouvernement ne demande son avis que très rarement, par exemple, lorsqu'il s'agit de prendre une mesure impopulaire ; de cette façon, il dégage sa responsabilité.

Ministres. — La création des différents ministères ne remonte guère qu'à 1880 ; elle est complètement illusoire et n'a d'autre but que de tromper l'Europe sur la valeur réelle des institutions malgaches.

Malgré qu'en théorie leurs attributions soient nettement définies, les ministres hovas ont si peu à faire qu'ils ne possèdent ni bureaux ni personnel en sousordre ; ils n'ont même pas de traitement. Néanmoins, les indigènes tiennent beaucoup à ces fonctions à cause du prestige qu'elles leur donnent.

A l'instar des nations de l'Europe, les Hovas se sont donné le luxe des ministères suivants :

Intérieur, affaires étrangères, guerre, justice, législation, commerce, travaux publics, instruction publique.

Secrétariat. — Il y a pourtant à côté du premier

ministre une institution ayant une autorité effective, c'est son secrétariat.

Les trois personnages qui le composent, Rasange, Rabibishou et Rasonarainiarisona, n'ont pas, comme les ministres, des attributions determinées par règlement ; néanmoins, leur influence s'étend à tout.

En principe, ils sont les interprètes du premier ministre avec les étrangers ; en fait, ils connaissent de toutes les affaires intérieures et extérieures.

C'est à eux qu'il faut s'adresser pour obtenir une concession, obtenir justice, etc. ; de bons pots-de-vin sont l'entrée en matière indispensable si l'on veut réussir.

Conseil de gouvernement. — Le conseil de gouvernement est un conseil privé composé de personnages influents choisis par le premier ministre, mais n'a aucune autorité effective.

ADMINISTRATION.

Les fonctionnaires hovas ne reçoivent aucune indemnité ; il leur appartient de trouver les moyens de subvenir à leur existence et d'assurer leur fortune. On conçoit facilement quels abus engendre un pareil système. Il n'existe aucune honnêteté dans la gestion des affaires ; la sécurité morale et matérielle du pays est nulle.

Le grand principe sur lequel est basée l'organisation à Madagascar est le suivant : la fonction doit faire vivre le fonctionnaire.

Imerina. — Les castes. — Au xviiie siècle, la nation hova était divisée en plusieurs groupes ayant chacun un roi ou chef particulier. Une révolution qui éclata à cette époque concentra le pouvoir entre les mains d'un seul souverain, Andrianampouine. Celui-ci sut habilement profiter de sa victoire; au lieu de chercher à détruire ses anciens rivaux, ce qui aurait amené des révoltes et des complications sans nombre, il sut s'en faire des partisans en instituant à leur profit des castes privilégiées, mais sans importance politique.

Il existe aujourd'hui six castes nobles; elles ont chacune un chef choisi par elles et par le premier ministre et forment environ le sixième de la population totale.

Aucune distinction spéciale, aucune influence politique ne sont accordées à ceux qui les composent. Être d'une caste noble est un honneur sans profit, les chefs eux-mêmes n'ont aucune autorité. Pourtant, quelques-unes de ces castes sont exemptes du service militaire.

La famille royale appartient à une septième caste, dont le chef est Ratsimamangue, l'oncle de la reine.

Chefs de la noblesse et du peuple. — Jusqu'à l'institution du premier ministre, la noblesse seule avait participé à la gestion des affaires de l'État; elle avait alors une prépondérance sans conteste sur toute la population.

Mais avec les premiers ministres, la bourgeoisie, dont ils étaient issus, acquit une grande influence et supplanta peu à peu la noblesse.

On songea alors à organiser séparément ces deux parties de la nation. Dans chacune des six circonscrip-

tions de l'Imerina, on institua un chef de la noblesse
et un chef du peuple dont les fonctions consistent à
faire rentrer les impôts, lever les soldats, organiser la
police. Leur influence contrebalance celle des chefs de
caste.

Caste noire. — Les esclaves (un tiers de la population environ) ne forment pas une caste ; ils n'ont pas de
chef. La caste noire comprend seulement les esclaves
libérés ; elle a un chef, simple agent d'exécution des
ordres du gouvernement, sans autorité ni influence.

Un certain nombre de noirs, plus intelligents ou
plus vigoureux que leurs congénères, sont employés
comme courriers et forment la classe des *Tsimando* ou
courriers de la reine ; leur chef est 12ᵉ honneur.

Provinces. — En dehors de l'Imerina, les différents
peuples de Madagascar sont répartis en onze provinces
administrées par un gouverneur hova nommé par le
premier ministre.

Ce fonctionnaire réunit toutes les attributions ad-
ministratives : perception des impôts, recrutement,
police, etc. Il est assisté d'un second gouverneur sans
attribution nettement définie, mais particulièrement
chargé de surveiller sa conduite et de rendre compte à
Tananarive de tout ce qui peut intéresser le gouvernement.

Ce gouverneur en second est à son tour espionné par
un certain nombre d'officiers ou aides de camp atta-
chés à la douane ou à la police ou au recrutement.
Dans ces conditions le premier ministre est facilement
au courant de tout ce qui se passe dans l'île.

Les aides de camp ont sous leurs ordres, comme agents d'exécution, des Malgaches, qui ont le titre de juges (*Andriamasentc*), mais ne sont pas « honneurs », cette dignité étant réservée aux Hovas.

Au bas de la hiérarchie, sont les chefs de village, nommés par le gouverneur; leur autorité s'étend sur tout ce qui intéresse l'administration : impôts, recrutement, justice, etc.

Les gouverneurs appartiennent à la noblesse ou à la bourgeoisie hova. Ce n'est généralement pas en considération de leurs talents administratifs que le premier ministre les choisit, mais d'après l'habileté qu'on leur suppose à faire rentrer beaucoup d'argent dans le trésor. Souvent aussi, leurs charges ne leur sont concédées que moyennant de fortes sommes.

Il est facile de s'imaginer à quelles exactions un pareil système conduit. A tous les degrés de la hiérarchie chaque fonctionnaire prélève une partie des revenus en proportion avec l'importance de ses fonctions et néanmoins la part du trésor doit être abondante. Aussi les gouverneurs tirent-ils argent de tout : concessions, justice, exemptions ou faveurs diverses, tout est vendu. Quelquefois ils se font les complices des *Fahavalos* ou voleurs de grands chemins; ils les protègent en cachette et rachètent leurs prises.

Pourvu que le trésor ait sa bonne part de toutes ces opérations, le premier ministre ferme les yeux. Il n'intervient que dans le cas où le rapport entre la part du gouverneur et celle du trésor lui paraît trop peu avantageux pour ce dernier.

Les gouverneurs hovas sont en général intelligents; ils sont pour la plupart élèves des méthodistes et possèdent une certaine instruction; quelques-uns même sont au courant de nos usages et les observent sans trop de gaucherie.

Certains d'entre eux, paraît-il, se rendent compte de la barbarie de leur administration et appellent de leurs vœux un protectorat français qui leur permettrait, grâce à un traitement régulier et suffisant, de devenir des fonctionnaires équitables.

JUSTICE.

En 1881, au moment des démêlés entre la France et la cour d'Imerina, les méthodistes firent comprendre au premier ministre que le meilleur moyen de nous combattre était de s'attirer les sympathies des États européens en leur donnant le spectacle d'institutions régulières et civilisatrices. Ce programme accepté, un code de justice conforme aux principes de l'équité et de la raison fut publié.

Ce document règle toutes les questions qui intéressent la vie d'un peuple; mais c'est une œuvre purement théorique. Nous l'avons déjà dit, on n'a eu qu'un seul but en le publiant : illusionner l'Europe.

Dans la pratique, la justice est abandonnée à la fantaisie ou plutôt à la cupidité des fonctionnaires : ses arrêts sont vendus au plus offrant des intéressés.

Trois cours de justice furent en même temps instituées; l'une devait connaître des causes civiles et commerciales, une autre des crimes et délits, et la troisième des atteintes violentes et injustes à la propriété.

Cette organisation n'a jamais fonctionné; dans la pratique, voici ce qui se passe :

A Tananarive, un certain nombre d'individus désignés par le premier ministre, en raison de leur fortune ou de leur influence, connaissent indifféremment de toutes les affaires; ils siègent au nombre de trois, quatre ou cinq.

Les procès durent longtemps; il s'agit en effet de tirer le plus d'argent possible des intéressés; quand les deux parties sont à bout de libéralités, l'affaire est entendue; les juges rédigent une sentence qu'ils soumettent au premier ministre et c'est ce dernier qui tranche le différend.

Hors de Tananarive, la justice est rendue par les *amis des villages*, qui sont chargés en même temps des fonctions de notaire et de greffier. Ils examinent toutes les affaires qui leur sont soumises et rédigent un rapport pour le premier ministre qui prononce la sentence.

Dans les provinces, ce sont les gouverneurs qui remplissent les fonctions de juges. Les choses se passent comme à Tananarive, avec cette différence que les gouverneurs prononcent la sentence.

Il est pourtant permis d'en appeler au premier ministre, mais le fait se produit rarement, à cause des frais énormes que nécessite une nouvelle procédure.

FINANCES.

Contrairement à ce qui a lieu partout ailleurs, les sommes provenant des impôts ne font pas retour aux populations sous forme de services rendus. Le gouvernement ne dépense rien pour les travaux publics, l'assistance, le traitement de ses fonctionnaires, etc...;

quelques sommes sont seulement affectées à la défense
nationale.

Les ressources de l'État peuvent se classer sous les
dénominations suivantes :

Droits de douanes. — Ces droits se paient *ad va-
lorem* et sont fixés d'une manière générale à 10 p. 100.
Toutefois, à l'exportation, il existe quelques excep-
tions.

La perception de cet impôt est des plus irrégulières,
les commerçants s'entendent avec les capitaines de
douane hovas ou les gouverneurs et, moyennant pots-
de-vin, importent ou exportent sans payer la totalité
de leurs redevances.

Dans les six ports de Fénérive, Vohémar, Tamatave,
Vatoumandre, Mananzar et Majunga, la recette doua-
nière a été concédée au Comptoir d'escompte en garan-
tie de l'emprunt qu'il a consenti au gouvernement
malgache. Dans ces localités, le contrôle est un peu
plus sérieux et les revenus s'élèvent à environ 700,000
francs.

C'est à peu près tout ce que rapportent les douanes au
gouvernement et pourtant elles atteindraient, paraît-il,
facilement 3 ou 4 millions si elles étaient régulièrement administrées.

Capitation. — Un impôt de 0 fr. 18 c. environ est
dû par tout homme libre, mais il n'est généralement
pas perçu.

Impôt de la piastre. — Cet impôt a été créé il y a
environ deux ans par le premier ministre.

D'abord, chaque individu devait verser au trésor une piastre par an, ensuite on demanda à chacun une contribution proportionnelle à son revenu, mais comme il n'existe pas d'indication pouvant servir de base à une répartition équitable, on est tombé dans l'arbitraire le plus effréné. Les amis des autorités ne paient rien, leurs charges sont reportées sur les autres citoyens dont quelques-uns se trouvent ainsi taxés à 50 et même 60 fr.

Ces procédés ont porté aux affaires une atteinte sérieuse et gravement compromis le prestige des Hovas. La prospérité diminue, les négociants se cachent, émigrent ou préfèrent cesser tout travail que de voir leurs bénéfices absorbés complètement par le fisc.

Il ne faut pas chercher ailleurs la cause des troubles qui agitent actuellement l'intérieur de l'île ; souvent les *fahavalos* ne sont autre chose que des mécontents ou des commerçants ruinés.

L'impôt de la piastre, dont on espérait tirer 12 à 15 millions, ne rapporte guère que 800,000 fr.

Impôt foncier. — Tout cultivateur est imposé d'une mesure de riz dont la valeur est de 2 fr. environ. Cet impôt est très irrégulièrement perçu.

Enregistrement. — Certaines transactions doivent être enregistrées sur les livres de l'État et acquitter des droits ; tels sont les ventes et affranchissements d'esclaves, baux, loyers, etc... Cet impôt ne rapporte qu'environ 60,000 fr. ; il n'y a guère que les loyers aux étrangers qui soient taxés régulièrement.

Amendes. — En théorie, le code punit d'amende de nombreux délits et contraventions ; mais comme en pratique la plupart de ceux-ci jouissent d'une impunité complète, cette source de revenus est très restreinte.

Droits de transport à l'intérieur. — Ils sont établis à raison de 2 fr. 50 c. par convoi de douze hommes et de 1 fr. 25 c. par douzaine en sus. Moyennant cette somme, le chef du convoi reçoit une sorte de passeport qui lui permet de circuler librement.

Cautionnement. — Tout Européen bénéficiant d'une concession dans l'île doit verser au gouvernement une partie de ses bénéfices.

Hasina. — C'est un cadeau en argent que l'on fait à la reine ou au premier ministre en signe de soumission, à certains anniversaires.

Réserve en numéraire. — Il existe, dit-on, au palais de la reine une réserve en numéraire évaluée à plus de 10 millions enfermée dans des jarres et enfouie en terre. Elle ne doit servir qu'à la défense nationale.

Si cette réserve existe et si on l'évalue à des chiffres vrais, on peut en conclure que les impôts malgaches suffisent actuellement aux besoins de l'île. Toutefois il n'est pas douteux que le jour où une administration régulière se substituera à l'administration actuelle, il faudra trouver des ressources plus nombreuses. Mais il sera facile de faire comprendre aux Malgaches qu'ils auront intérêt à payer plus cher, si les charges sont réparties avec équité et si l'État fait des dépenses publiques dont tout le monde pourra profiter.

CHAPITRE VI

L'ARMÉE HOVA

Effectif de l'armée. — L'état civil n'existant pas à Madagascar et les renseignements fournis par les autorités militaires étant absolument faux, il est aussi difficile de connaître le chiffre exact de la population que l'effectif de l'armée.

Il est possible toutefois de se faire une idée suffisante de l'importance de l'armée, en totalisant les levées faites depuis la loi de recrutement et en retranchant de la somme obtenue le chiffre approximatif des disparus de toute sorte, tel qu'il est avoué par le gouvernement.

En rapprochant du résultat obtenu le nombre d'armes existant à Madagascar, on pourra déterminer à peu près l'effectif utilisable en temps de guerre. Nous allons donc examiner successivement le recrutement, puis l'armement de l'armée hova.

Recrutement. — La loi de recrutement a été dictée par les Anglais ; elle remonte à l'année 1879.

En voici les points principaux :

Tout homme libre et valide, âgé d'au moins 18 ans, doit cinq ans de service à l'État. Toutefois, il peut être rappelé, après cette période, si le gouvernement le juge nécessaire et spécialement en cas de guerre.

Ce principe n'est applicable qu'à la nation hova.

En dehors du contingent hova, l'armée reçoit des contingents fournis par les provinces, suivant les besoins locaux et sans règles fixes.

Recrutement du contingent hova. — La classe ayant atteint 18 ans n'est pas forcément appelée dans l'année.

Comme toutes les choses importantes, l'appel des classes sous les armes relève de la fantaisie du premier ministre. Pour ne pas mécontenter la population, Rainilaiarivony ne fait que rarement usage de son droit.

Lorsqu'un appel est décidé, les chefs de district de l'Imerina sont convoqués à Tananarive et font connaître au premier ministre le chiffre approximatif des hommes de leur territoire en état de porter les armes. Ce chiffre, qui est naturellement toujours au-dessous de la vérité, sert de base au gouvernement pour la fixation du contingent général.

Celui-ci une fois déterminé, l'effectif est réparti proportionnellement entre chaque district.

Alors commence une véritable chasse à l'homme qui rapporte gros aux fonctionnaires recruteurs. Moyennant de bons pots-de-vin, on exempte les amis et tous ceux qui le désirent; mais comme il faut atteindre l'effectif fixé, on comble les vides en enrôlant des enfants, des vieillards et même des infirmes. Un grand nombre de conscrits trop pauvres pour se faire exempter s'enfuient dans la brousse et vont grossir les bandes de *fahavalos*. Les nobles et les esclaves sont exempts.

Le recrutement terminé, les conscrits sont acheminés

sur Tananarive ; beaucoup profitent de l'occasion pour se sauver.

Ceux qui restent sont immatriculés sous les yeux du premier ministre et répartis en compagnies de cent hommes.

A part la levée de 1879, qui a fourni, dit-on, plus de 20,000 hommes, les autres levées, au nombre de huit, n'ont donné que 7,000 hommes environ chacune. La neuvième (1893) a produit 12,000 hommes, dont il ne reste actuellement que la moitié.

On estime à environ 80,000 le nombre des soldats recrutés depuis 1879.

De ce chiffre il faut défalquer, d'après les renseignements officiels :

1° Les morts ou disparus, 20,000 ;

2° Les infirmes et les malades dont le nombre va en augmentant sans cesse, une grande partie des soldats recrutés il y a quatorze ans étant aujourd'hui des vieillards, 15,000.

Reste un total de 45,000 soldats environ.

Or, au dire de quelques officiers malgaches avec lesquels nous entretenons des intelligences et de tous les Européens résidant à Madagascar, on peut être certain que plus du tiers de cette armée déserterait en cas de guerre[1]. Il resterait donc en dernière analyse 25,000 à 30,000 Hovas.

---

1. Les dernières entreprises militaires des Hovas prouvent l'exactitude de cette appréciation : En 1888, lors d'une expédition contre le chef sakalave de Tulléar, 50 p. 100 des troupes désertèrent. En 1893, 2,000 hommes ayant été envoyés dans le Bouéni pour réprimer les désordres des *Fahavalos,* 150 soldats seulement arrivèrent à destination.

Recrutement en dehors de l'Imerina. — Pour la garde des provinces, les Hovas entretiennent, par des procédés de circonstance, 10,000 à 12,000 indigènes encadrés par 4,000 des leurs. Ces soldats improvisés ne servent qu'à contre-cœur et ne sauraient entrer en ligne de compte, s'il s'agissait d'entrer en campagne.

Armement. — Les troupes hovas sont armées de Snider, de Remington, de fusils à piston et de fusils à pierre.

10,000 Snider ou Remington sont en magasin à Tananarive ;

4,000 Remington sont entre les mains de la garde ;

12,000 Snider ou Remington sont en service dans les troupes de l'Imerina ;

5,000 de ces armes sont emmagasinées dans les postes ;

9,000 fusils à piston ou à pierre sont en service sur les routes militaires, dans les postes de moindre importance.

Soit au total : 31,000 fusils se chargeant par la culasse et 9,000 se chargeant par la bouche.

La plupart de ces armes sont dans un état déplorable.

Quant aux munitions, elles sont, paraît-il, de mauvaise qualité et très mal entretenues.

Toutefois, de nouvelles commandes d'armes ayant été faites ces temps derniers en Europe, on peut admettre que les 30,000 hommes de l'armée hova sont actuellement armés d'une manière convenable.

Artillerie. — Il existe à Tananarive, 85 canons de petit calibre se chargeant par la culasse, Hotchkiss, Gardner, etc. ;

12 canons-revolvers ;

4 canons bouche Vortford ;

10 mitrailleuses sans affûts.

Dans les forts, on compte environ 22 canons de petit calibre se chargeant par la culasse, 1 canon de 10^{cm} système de Bange et 2 canons-revolvers.

On rencontre en outre dans tous les postes de nombreux canons à âme lisse, se chargeant par la bouche, mais ils sont généralement hors d'usage et n'ont pas d'affûts.

Les chiffres que nous venons de donner paraissent considérables, mais il ne faut pas oublier que le meilleur matériel ne vaut rien entre de mauvaises mains. Or, nous verrons plus loin que l'artillerie malgache compte en tout 500 prétendus canonniers fort inexpérimentés.

Organisation. — Chacune des six provinces de l'Imerina fournit une force militaire dénommée corps d'armée. Chaque corps d'armée comprend trois brigades, c'est-à-dire trois ou quatre groupes ou bataillons de 700 à 800 hommes.

L'unité de formation est la compagnie de 100 hommes commandée par un capitaine ayant sous ses ordres un lieutenant et cinq sergents.

Au-dessus des capitaines, on trouve les chefs de 1,000 hommes (probablement chefs de bataillon) qui résident au centre de la province et président aux manœuvres d'ensemble.

Il existe un 7ᵉ corps, la garde, dont l'effectif est de 4,100 hommes. Les hommes de la garde vivent dans leurs foyers; chaque semaine, trois cents d'entre eux sont convoqués pour le service du palais et de la capitale.

Artillerie et troupes spéciales. — Cinq cents ou six cents soldats sont préposés au service de l'artillerie; leurs officiers sont pris parmi les jeunes gens qui ont reçu une instruction sommaire d'un Anglais, le major Grave.

Il n'existe, bien entendu, ni génie, ni cavalerie, ni service administratif, ni service sanitaire, ni casernement. Chacun vit chez soi et à ses frais.

Gardes des provinces. — En dehors de l'armée de l'Imerina, 10,000 indigènes, encadrés par 4,000 hovas, sont égrenés dans les postes, le long des routes divergentes de Tananarive. On peut les considérer comme perdus pour l'armée de campagne.

Instruction de l'armée. — Les cadres n'ont aucune instruction, aucune pratique, et, par suite, aucune valeur. La désignation des officiers se fait ordinairement au moment de l'appel du contingent et, bien qu'on fasse passer un semblant d'examen aux candidats, on n'exige d'eux en réalité aucune préparation. C'est ainsi qu'un modeste planton à la résidence générale, faisant partie du contingent de 1889, a été nommé capitaine, au moment même de l'immatriculation, parce qu'il savait quelques mots de français. La plupart des places, il est inutile de le dire, se donnent à la faveur.

Deux Anglais, dont l'un a été chassé de l'armée anglaise pour escroquerie et dont l'autre ne vaut guère mieux, sont supposés former des officiers pour l'armée hova. En réalité, professeurs et élèves savent peu de chose.

D'après des renseignements récents donnés par un haut fonctionnaire hova, il n'y aurait dans les six districts de l'Imerina que trois officiers connaissant les manœuvres de brigade et de division, vingt officiers pouvant commander l'école de bataillon et vingt et un officiers au courant du service des pièces d'artillerie.

En résumé, personne ne sait rien, mais le gouvernement ne s'en émeut guère, estimant qu'il suffirait de quelques exercices, au moment de la déclaration de guerre, pour que tout le monde sache manœuvrer et combattre correctement.

L'armée hova du temps de paix se divise, comme nous l'avons vu, en deux parties bien distinctes, l'une stationnée dans l'Imerina, l'autre répartie entre les postes de l'intérieur.

L'instruction des troupes diffère suivant qu'il s'agit de l'une ou de l'autre de ces deux catégories.

1° *Troupes de l'Imerina.* — Après l'immatriculation, chaque homme retourne dans son village où il reçoit d'instructeurs subalternes les premiers principes de l'école du soldat. Il termine son instruction au chef-lieu de son district, sous la haute direction des chefs de 1,000 hommes et exécute quelques manœuvres d'ensemble.

En trois mois, l'instruction est terminée ; elle comprend le maniement d'armes et la marche à rangs serrés.

Le tir à la cible engageant nécessairement des dépenses est très rarement exécuté ; toutefois il paraît que le Hova est naturellement bon tireur.

Ainsi dégrossi, le soldat hova rentre dans ses foyers ; il emporte son arme. De temps à autre, il est convoqué pour des exercices, mais moyennant cadeaux à ses officiers, il peut facilement être dispensé.

Tous les quatre ans environ, la reine passe à Tananarive une grande revue des six corps de l'Imerina et de la garde. Dans ce cas, les exercices reprennent avec énergie quelque temps avant la convocation et on apprend aux troupes à exécuter avec ensemble certaines formations de parade qui n'ont rien de commun avec des manœuvres de guerre.

Ces mouvements sont d'ailleurs, paraît-il, assez bien exécutés.

2° *Troupes occupant les postes*. — Les hommes destinés à tenir garnison dans les postes sont dirigés immédiatement sur leur destination ; ils y reçoivent une instruction rudimentaire leur permettant d'exécuter le maniement et le chargement de l'arme. Ils sont ensuite employés au service de garde et d'escorte et ne font plus que rarement l'exercice. Ils vivent avec leurs familles et font le commerce ; ils doivent être considérés plutôt comme des colons militaires que comme des soldats. Ils sont perdus pour l'armée de campagne.

L'homme que sa malchance et sa pauvreté ont fait désigner pour un poste éloigné risque fort de ne plus revoir l'Imerina. On l'oublie volontairement et il meurt dans son exil, à moins qu'il ne déserte pour émigrer ailleurs ou se faire *fahavalo*.

Habillement. — L'armée ne possède aucun uniforme qui lui soit propre. Le soldat ne se distingue pas du civil. Tous deux portent le lambas blanc, grande pièce de toile dans laquelle ils se drapent comme à la mode espagnole ; au-dessous du lambas, ils ont une sorte de chemise blanche et un caleçon. La coiffure consiste en un chapeau de paille qui rappelle nos chapeaux européens. Quant aux chaussures, elles n'existent pas : tout le monde va pieds nus.

La garde possède pourtant un certain nombre d'uniformes qu'elle revêt à Tananarive lorsqu'elle prend le service. Le costume comprend un pantalon bleu, une tunique courte en toile blanche, une toque bleu foncé avec un liseré de couleur.

Si les soldats ne sont pas habillés, en revanche les hauts fonctionnaires et les officiers arborent les costumes les plus fantaisistes. Chacun est libre de choisir l'uniforme qui lui convient le mieux. Aussi peut-on voir des capitaines en amiraux, en généraux européens et inversement des généraux en officiers subalternes. La plupart du temps même, les costumes sont composites, empruntant leurs différentes parties à plusieurs tenues européennes.

Manière de marcher et de combattre[1]. — Toute expédition part de Tananarive. Les troupes qui doi-

---

1. Extrait textuel du rapport d'un officier en mission.

vent en faire partie sont réunies au palais, où elles sont haranguées par la reine et le premier ministre. Le chef de l'expédition répond et, bien entendu, promet la victoire ; il y a distribution d'argent et de vêtements, tout cela au milieu d'un enthousiasme aussi bruyant que momentané, puis le corps expéditionnaire quitte la capitale.

Les étapes sont courtes ; malgré leur très réelle aptitude pour la marche, les Malgaches ne parcourent par jour qu'une faible distance. C'est qu'une troupe de 1,000 soldats, par exemple, comporte un effectif de 5,000 hommes.

Ce sont les esclaves des officiers et d'un grand nombre de soldats. Ils portent le riz, les marmites, les tentes et une foule d'ustensiles.

Ce sont les habitants du territoire traversé que l'on réquisitionne pour le transport des canons, de la poudre et des munitions de toutes sortes.

Ce sont enfin les marchands qui suivent la colonne et vendent des vivres et des vêtements. L'Européen qui se trouve en présence d'une armée hova doit donc réduire de 4/5 l'effectif total pour avoir l'effectif des combattants.

A l'étape, on campe. Le camp a toujours la forme d'un carré et les voies principales sont toujours orientées nord-sud et est-ouest. Chaque côté du carré est formé de plusieurs lignes de tentes assez rapprochées : au centre est la tente du général en chef ; dans l'espace resté libre, on installe les cuisines. Lorsqu'il y a plusieurs corps d'armée, chacun d'eux forme un carré distinct et placé de telle sorte que les soldats de ce carré occupent dans le camp, par rapport à la tente du général en chef, la même position que leur province occupe dans l'Imerina par rapport à Tananarive.

Les tentes des soldats sont en rabanne grossière de teinte jaunâtre (toile en fibre de rafia); il y a cinq hommes par tente; celles des officiers sont en toile blanche.

Les alignements sont corrects. De loin, l'aspect du camp est pittoresque; si l'on approche, il n'y a plus que saleté et indiscipline. A proximité de l'ennemi, le service est fait par des sentinelles avancées.

Les Malgaches ne se risquent en bataille rangée qu'autant qu'ils ont le sentiment bien net de leur supériorité; autrement, ils se retranchent derrière de fortes positions d'où ils ne sortent que pour fondre à l'improviste sur leurs ennemis, surtout pendant la nuit, afin de les surprendre ou tout au moins de les fatiguer et de les tenir en alerte. C'est la pratique qu'ils ont employée contre nous pendant la dernière guerre (1883).

Mobilisation. — En cas de guerre, un drapeau rouge est hissé dans chaque localité importante. A ce signal, tous les hommes instruits ou supposés tels sont tenus de se rendre à Tananarive où ils sont enrégimentés. A cela se réduisent les prévisions.

Valeur morale de l'armée hova. — Le soldat hova n'est ni courageux, ni discipliné, ni patriote. Il a eu son beau moment lorsque, dirigé par les Anglais, mieux armé grâce à eux que les autres peuplades, il a fait sous Radama Ier la conquête de l'île. Mais cette époque est passée et on peut dire qu'aujourd'hui le gouvernement, le peuple et l'armée sont absolument démoralisés et désorganisés.

Un officier de rang élevé, en garnison à Tamatave, disait dernièrement à un de nos notables commerçants : « Je suis loin d'être mécontent de faire partie des troupes stationnées à Tamatave, car cela me permettra d'être fait prisonnier dès le début et d'échapper ainsi aux dangers du reste de la campagne. »

Un officier appartenant au monde de la cour donnait ainsi son opinion à la résidence générale sur ce qui se passerait si une nouvelle guerre éclatait : « Sitôt que les troupes auront quitté Tananarive pour gagner la côte, les officiers ne manqueront point de gagner leurs postes dans la crainte que leurs biens ne soient confisqués en cas de désertion. Il n'en sera pas de même pour les soldats et si, par exemple, on en envoie 1,500 à Tamatave, il y aura des chances pour que 1,000 ou 1,100 seulement arrivent à destination. Jusqu'à la fin des hostilités, les 400 ou 500 déserteurs n'osant pas rentrer par crainte d'être pris se feront brigands et se mettront à piller et à saccager les populations. Après quoi, sûrs de l'impunité, ils reprendront leur ancienne existence. Il en sera de même pour tous ceux qu'on enverra à Majunga et dans tous les autres ports de la côte. »

Nous ajouterons toutefois une observation à ce portrait peu flatteur du soldat hova : c'est qu'un homme, quel qu'il soit, armé d'un fusil à tir rapide et posté derrière un abri ou un retranchement, est toujours redoutable, surtout s'il combat dans son propre pays. Dans ces conditions, les Hovas ont donné pendant la dernière guerre des preuves de ténacité tout à leur honneur. Aussi, malgré tout ce qui vient d'être dit, on aurait tort de ne pas prévoir une résistance même énergique dans une marche de la côte à Tananarive : il ne faut jamais mépriser son ennemi.

IIe PARTIE

LA GUERRE FRANCO-HOVA (1883-1885)

———

CHAPITRE Ier

COMMANDEMENT DE L'AMIRAL PIERRE

A la fin de 1882, la guerre avec les Hovas devint inévitable.

Les causes en sont connues de tous : refus du gouvernement de Tananarive de laisser les héritiers de M. Laborde entrer en jouissance des propriétés immobilières laissées par ce dernier, sous prétexte que la terre est inaliénable à Madagascar ; invasion des territoires sakalaves placés sous notre souveraineté depuis 1840 et installation de postes commandés par des officiers hovas tout le long des côtes nord-ouest et nord-est [1].

Une ambassade malgache, arrivée en France en septembre 1882, n'ayant donné aucune satisfaction à nos représentations, les préparatifs d'une expédition maritime commencent immédiatement.

Le 15 février 1883, le contre-amiral Pierre quitte la France en qualité de commandant en chef de la division navale de la mer des Indes et se rend sur la côte de Madagascar.

Instructions du Gouvernement. — La mission qui lui est confiée, d'abord assez restreinte, est résumée dans ce passage de ses instructions spéciales :

« Après avoir déclaré nettement aux Hovas que

---

1. Voir le résumé historique (Ire partie du volume).

nous sommes résolus à mettre un terme à leurs tentatives pour s'imposer aux populations de la côte nord-ouest placées sous notre protectorat, vous ferez disparaître les postes qu'ils ont établis chez ces dernières, en commençant, autant que possible, par ceux les plus récemment fondés et dont la présence est la plus gênante. »

Ainsi, il ne s'agit tout d'abord que d'une action sur la côte nord-ouest de Madagascar.

La force navale placée sous les ordres de l'amiral Pierre comprend les bâtiments suivants :

Le croiseur *la Flore* portant le pavillon du commandant en chef de la division ;

Le croiseur *le Forfait ;*

L'éclaireur d'escadre *le Vaudreuil ;*

L'aviso de station *le Boursaint ;*

La canonnière *la Pique ;*

Le *Beautemps-Beaupré,* croiseur, alors en armement à Lorient, doit, aussitôt prêt, relever le *Forfait.*

En outre, le transport-aviso *la Nièvre,* affecté au service de la colonie de la Réunion, peut coopérer aux opérations, après entente entre le commandant en chef de la division navale et le gouverneur de cette île.

Mais on estima bientôt, dans les conseils du Gouvernement, que les opérations projetées sur la côte nord-ouest ne suffiraient pas pour amener à composition la cour d'Imerina.

En conséquence, des instructions plus étendues et plus énergiques sont envoyées à l'amiral Pierre, à son passage à Zanzibar.

Après avoir accompli le programme fixé tout d'abord, la division navale doit, en outre, chasser les Hovas des territoires de la côte nord-est placés sous notre protectorat ; puis, pour frapper davantage l'esprit de l'adversaire, mettre à exécution les mesures suivantes :

S'emparer de Majunga, y saisir la douane et en percevoir les droits ;

Se rendre à Tamatave et faire parvenir au premier ministre de la reine de Madagascar un ultimatum exigeant :

« 1° La reconnaissance effective des droits de souveraineté que nous possédons sur la côte nord ;

« 2° Des garanties immédiates destinées à assurer l'observation du traité de 1868 ;

« 3° Le paiement des indemnités dues à nos nationaux. »

En cas de rejet de l'ultimatum, occuper le fort de Tamatave, se saisir de la douane et en percevoir les droits jusqu'à concurrence de la somme réclamée par le gouvernement français.

Expulsion des Hovas de la côte nord-ouest. — L'amiral Pierre arrive le 30 avril à Nossi-Bé, où est concentrée une partie de la division navale ; il entreprend immédiatement l'exécution de la première partie du programme qui lui a été fixé : l'expulsion des Hovas des territoires de la côte nord-ouest placés sous notre souveraineté et l'occupation de Majunga.

Le 8 mai, au point du jour, tous les commandants des postes hovas de la côte nord-ouest reçoivent la sommation suivante :

« Au chef de poste de....

« Vous êtes établi sur un territoire sakalave qui n'appartient point aux Hovas et qui est placé, au contraire, sous la protection de la France.

« J'ai résolu de ne pas souffrir plus longtemps l'exercice d'une autorité hova ou la présence du pavillon hova sur ce territoire.

« Je vous invite, en conséquence, à vous retirer immédiatement du pays sakalave avec les hommes que vous commandez.

« Je vous accorde deux heures pour quitter le poste de....

« Si, après ce délai, vous n'avez pas obéi à mon injonction, ou si vous n'y avez pas fait une réponse satisfaisante, vous m'obligerez à vous expulser par la force et la responsabilité des conséquences que cela peut amener retombera sur vous tout entière.

« Si une demi-heure après la réception de la présente lettre, vous n'avez pas fait acte de soumission en amenant le pavillon hova qui flotte sur le poste de...., je considérerai cela comme une intention formelle de résistance et je n'attendrai pas pour vous attaquer l'expiration des deux heures que je vous ai accordées pour vous retirer volontairement.

Le Contre-Amiral,
commandant en chef la division navale
de la mer des Indes.

« Signé : Pierre. »

Presqu'île
de
Majunga

N

Presqu'île
de
Majunga

Plateau
d'Amboudrou

Route de Rama
à Marovoa

Rizières

Palétuviers

Les
Palétuviers

Marigots

Palétuviers

P.te Anononbato

Port de Mangliou

Plateau du Gouverneur

Plateau des Tombes

Majunga

Village Malgache
Rizières

Palétuviers

Arbustes

Palétuviers

Entrée de la
rivière de la Lagu

Quartier
Sakalave

P.te Majunga

Echelle $\frac{1}{50\ 000}$

2°08

Les postes sommés sont ceux de Mourountsang, Beramahomaï, Ampassimbitiki, Amboudimadirou; ils sont répartis entre la *Flore*, le *Boursaint*, le *Beautemps-Beaupré*, le *Vaudreuil* et la *Pique*. Les commandants ont l'ordre d'employer comme moyen coercitif une canonnade très lente et, l'évacuation obtenue de gré ou de force, de procéder à la destruction totale des établissements hovas, sans engager de lutte d'infanterie.

Aucun chef hova ne consentit à faire acte de soumission : les forts furent donc canonnés, puis occupés et détruits par les compagnies de débarquement. Les garnisons ennemies qui, pour la plupart, étaient restées à proximité de leur poste pendant le bombardement, tirèrent quelques coups de fusils et se replièrent dans l'intérieur. Les bâtiments français n'éprouvèrent aucun dommage au courant de cette opération.

Occupation de Majunga. — Sans laisser aux Hovas le temps de se remettre de l'impression produite par la promptitude apportée à la dispersion de leurs garnisons, l'amiral Pierre se porte immédiatement devant Majunga avec le *Beautemps-Beaupré*, le *Vaudreuil*, le *Boursaint* et la *Pique*.

Pour les Hovas, la position de Majunga a une énorme importance; elle commande l'unique entrée du plus vaste estuaire de la côte de Madagascar, dont les ramifications commerciales alimentent une grande étendue du pays.

Majunga est en outre la tête de la meilleure route militaire qui relie la côte au pays hova. La possession

de ce point équivaut à la possibilité et à la menace
perpétuelle d'une invasion.

La ville est située sur une pointe basse et sablonneuse, en arrière de laquelle se dressent les pentes ravinées du plateau du Gouverneur. L'extrémité ouest
de ce rempart naturel était défendue par un fort circulaire en maçonnerie de 45 mètres de diamètre intérieur et de 5 mètres de relief ; l'extrémité est, par une
vaste redoute de forme semblable, mesurant 200 mètres suivant son plus grand diamètre, pourvue d'un
parapet d'infanterie et entourée d'un fossé profond.

Les deux ouvrages étaient reliés par une ligne de
retranchements disposés de manière à fournir des feux
plongeants sur la ville et la plage.

Les Hovas entretenaient à Majunga une garnison
de 2,000 hommes, mais leur artillerie n'avait aucune
valeur et était hors d'état de riposter aux coups des
canons de la marine française.

Le 15 mai, l'amiral Pierre arrive devant la place et
somme le gouverneur de l'abandonner sous peine d'être
aussitôt canonné ; celui-ci répond par une lettre déri-
soire dont nous reproduisons le texte ci-dessous ; on
aura ainsi une idée de la finasserie des fonctionnaires
hovas :

« Majunga, le 15 mai 1883.

« J'ai reçu la lettre que vous m'avez envoyée, mais
comme c'est écrit en français, je ne suis pas à même
de bien comprendre le français.

« Je vous souhaite la bénédiction du Seigneur, Monsieur l'Amiral.

« Recevez mes respects, Monsieur l'Amiral.

« Je suis Ramanhazafy, 14e honneur, gouverneur de Majunga, aide de camp du premier ministre et commandant en chef. »

Sur ces entrefaites, la nuit étant venue, le bombardement est remis au lendemain.

Le 16, au lever du soleil, la division navale ouvre le feu sur les défenses de Majunga. Les forts ripostent coup pour coup.

Les navires, mouillés à 1,800 mètres de la place, exécutent un tir lent, à raison d'un obus par navire de deux en deux minutes. Bientôt les mâts de pavillon sont abattus, les ouvrages largement entamés et dès 7 heures du matin, le feu de l'ennemi est éteint. Notre tir continue plus lentement.

A 8 heures, nos projectiles allument un violent incendie dans le fort principal et dans les cases qui servent d'abris à la garnison. L'amiral fait alors cesser un tir désormais inutile, les flammes se chargeant d'achever la destruction des établissements de l'ennemi.

La garnison a déjà disparu abandonnant 30 canons ; quant au gouverneur, il se serait enfui, paraît-il, dès le début de l'action.

Dans la journée, le *Vaudreuil* et la *Pique* remontent la côte pour canonner le revers nord de la position et achever la destruction des maisons hovas restées debout.

La ville commerciale située au bord de la mer avait été absolument épargnée par notre feu. Soudain, à 10 heures du soir, un vaste incendie éclata sur divers points à la fois et embrasa toute la ville en un instant : les Hovas essayaient de détruire ce qu'ils n'avaient pu conserver. La factorerie française et la plupart des maisons de commerce américaines et indiennes furent pourtant épargnées.

Le 17, au point du jour, le corps de débarquement (infanterie de marine et compagnies de débarquement) fut dirigé sur le plateau du Gouverneur avec mission de le fouiller et d'occuper le fort de la Pointe.

Les troupes ralliaient ce point après une reconnaissance sans résultat, lorsqu'un fort parti de Hovas, sortant à l'improviste des couverts du terrain, se précipita sur elles. Une vive et rapide escarmouche s'ensuivit; arrêté par notre feu, l'ennemi se débanda presque sans résistance et fut poursuivi pendant 4 kilomètres. Nous ne perdîmes aucun homme dans cette affaire.

On s'occupa aussitôt d'organiser la défense de la position conquise et de mettre la garnison en mesure de repousser tout retour offensif.

Occuper tout le plateau du Gouverneur avec les faibles effectifs dont on disposait n'était pas possible; on se contenta donc de placer les 80 hommes de l'infanterie de marine dans le fort de la Pointe ainsi qu'une dizaine d'artilleurs de marine destinés au service de : une pièce de 4^{cm}, un canon de débarquement de 65^{mm} et 3 canons hovas.

Pour compléter la défense, le *Vaudreuil* et la *Pique* devaient rester mouillés à Majunga et se tenir prêts à flanquer par leur feu le fort de la Pointe.

Conformément aux instructions ministérielles, la douane fut saisie et les commerçants furent avertis d'avoir à verser à l'avenir, entre les mains du commandant de la force navale de Majunga, les droits d'entrée et de sortie ordinaires.

La première partie du programme qui lui avait été fixé était accomplie ; l'amiral Pierre quitta sans plus tarder Majunga et se rendit à Tamatave où il devait remettre aux autorités hovas l'ultimatum du gouvernement français.

Prise de Tamatave. — Il mouille en rade de cette ville le 31 mai, avec la *Flore*, le *Forfait*, le *Beautemps-Beaupré*, le *Boursaint* et les transports la *Creuse* et la *Nièvre*, appelés tout exprès de la Réunion.

L'ultimatum du gouvernement français est immédiatement envoyé à Tananarive par les soins de notre consul, M. Baudais.

Le 9 juin, à 8 heures du soir, la réponse du gouvernement hova parvient à l'amiral, c'est une fin de non-recevoir catégorique.

Le 10 au matin, la division navale ouvre le feu sur la place.

La ville de Tamatave occupe une petite presqu'île sablonneuse, longue de 1 kilomètre environ et large de 500 mètres.

A cette époque, ses défenses consistaient en un fort circulaire occupant la base de la presqu'île et un camp palissadé situé à 1,500 mètres dans l'intérieur.

Le fort seul avait une action sur la mer. Son enceinte, de 70 mètres de diamètre environ, était formée d'un parapet maçonné, de 6 mètres d'épaisseur et de hauteur. Un remblai en forme de couvre-face l'entourait à 5 mètres en avant.

Quelques pièces sans grande valeur constituaient l'armement.

Dès les premiers coups de canon, les Hovas abandonnent leurs positions et se replient sur le camp de Farafate, à 6 kilomètres environ dans l'intérieur. Après avoir poursuivi les fuyards de leurs obus, les navires cessent le feu dès 8 heures du matin.

Le lendemain, un corps de débarquement, comptant environ 600 hommes, occupe sans coup férir la ville et ses défenses, pendant que les canons de la division, allongeant leur tir jusque dans le camp de Farafate, maintiennent l'ennemi à distance.

Le 12 juin, l'amiral commence l'expulsion des Hovas établis sur la côte nord-est en envoyant le *Beautemps-Beaupré* et le *Boursaint* détruire leurs défenses et leurs établissements de Fénérive, Foulpointe et Mahambo. Le 13, cette opération était terminée sans dommage de notre côté.

Organisation défensive de Tamatave. — L'ennemi se trouvant en force dans le camp de Farafate, à 6 kilomètres seulement de Tamatave, il importait non seulement de mettre la garnison en mesure de repousser une attaque, mais encore de garantir la ville contre toute tentative d'incendie ou de pillage.

On se proposa en conséquence de fermer complètement la presqu'île par une série ininterrompue d'obstacles s'étendant d'un rivage à l'autre.

Voici le dispositif adopté dans son plein développement :

En avant, du côté de l'ennemi, une ligne de défenses accessoires : abatis, réseaux de fils de fer, trous de loup; en arrière, quatre points d'appui : le fort hova et trois fortins construits par nos troupes[1].

Ces fortins, établis sur de petites éminences d'une dizaine de mètres d'élévation, comprenaient : une maison d'habitation, une enceinte formée d'une palissade épaisse permettant le tir, et un fossé. Leur garnison, 30 hommes commandés par un officier ou un sous-officier, était relevée toutes les vingt-quatre heures.

Des communications faciles, abritées par des haies de cactus, reliaient ensemble tous les organes de la ligne de défense; en outre, un chemin de fer à voie étroite partant de la douane aboutissait au fort hova.

Le service de sûreté était assuré, le jour, par un poste de 30 hommes, établi à 150 mètres du fort, du côté de l'ennemi et fournissant 6 sentinelles abritées sous de petits toits en paillote à 400 mètres plus loin.

La nuit, la garde rentrait au fort et les sentinelles surveillaient du haut du rempart; des signaux optiques mettaient en communication les ouvrages et la rade.

En cas d'attaque, le fort hova disposait de :

2 canons de 65^{mm};

2 pièces de 4;

2 hotchkiss;

1 canon hova,

en batterie, sur la banquette du parapet;

2 pièces de 80^{mm},

1 pièce de 12^{mm},

en réserve à l'intérieur.

---

1. Le Mamelon Vert sur la rive nord; le fort de la Dune sur la rive sud; le fort Aitkens entre le précédent et le fort hova.

En outre, les navires mouillés sur rade se tenaient prêts à croiser leurs feux en avant de la ligne de défense et des fougasses étaient disposées en avant du poste de garde et de chaque fortin.

Pour le logement des troupes, on utilisa tout d'abord les casemates et les constructions convenables du fort hova.

Le commandant supérieur et les officiers y résidèrent ; une garnison de 200 hommes y fut installée, ainsi qu'un magasin approvisionné à un mois.

Plus tard, lorsque les troupes de Tamatave furent renforcées, on construisit, entre les forts et la ville, une sorte de camp de baraques protégé par une palissade.

En même temps qu'il mettait notre conquête à l'abri d'un coup de main, l'amiral assurait la sécurité intérieure par de sages mesures de précaution :

État de siège déclaré à Tamatave ; nomination d'un maire et d'une commission municipale ; mouvements des navires réglés par l'autorité militaire ; interdiction pour les indigènes de pénétrer dans le quartier européen de huit heures du soir au lever du soleil ; interdiction de porter une arme ; exécution immédiate de tout incendiaire ; interdiction de la vente des spiritueux.

L'amiral Pierre signifia même aux consuls étrangers d'avoir à cesser leurs fonctions, mais cette mesure fut désavouée par le Gouvernement et rapportée quelque temps après.

Comme garnison, l'amiral ne disposait que de 120 hommes d'infanterie de marine et de 30 artilleurs.

TAMATAVE

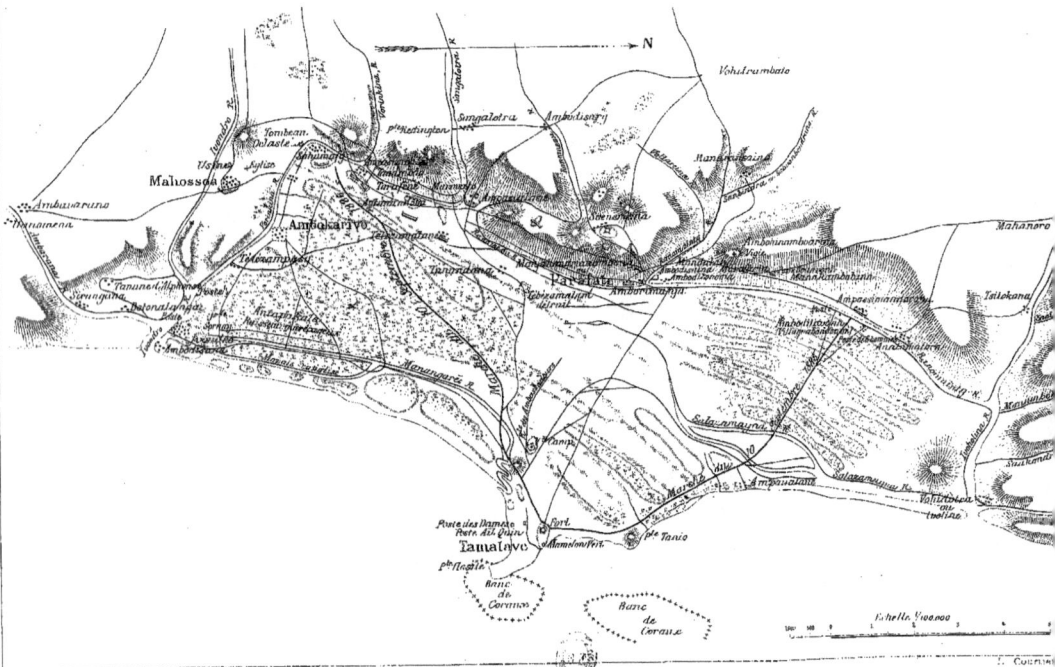

Berger-Levrault, & C.ⁱᵉ Editeurs.

Le service de garde, l'exécution des travaux d'aménagement et de défense, l'état de surexcitation dans lequel on vécut pendant les premiers jours eurent bientôt surmené les hommes.

Aussi, dès le début, la grande préoccupation du commandant en chef est-elle d'obtenir de la métropole des renforts en hommes pour alléger le service et de nouveaux navires pour exécuter autour de l'île des croisières destinées à assurer les résultats acquis.

« Vous n'avez jamais pu supposer sérieusement, écrivait l'amiral le 14 juillet 1883, qu'après avoir croché aux oreilles de Majunga et de Tamatave un sanglier de la dimension de Madagascar, nous serions en état de le tenir en respect d'une manière durable avec 180 hommes de troupe et 6 navires, dont 4 petits. »

En effet, dès le commencement de juillet, il se voit obligé de réclamer toute la garnison de la Réunion (les 40e et 41e compagnies du 4e régiment d'infanterie de marine); le gouverneur, M. Cuinier, la met patriotiquement à sa disposition. En outre, cinq compagnies d'infanterie de marine sont réclamées par télégramme à la métropole.

Attaques de Tamatave. — Les événements venaient d'ailleurs de démontrer la nécessité de ces renforcements. Le 25 juin et le 5 juillet, les Hovas avaient attaqué en masse, pendant la nuit, nos positions de Tamatave encore incomplètement organisées. Le 25 juin, ils cherchent à pénétrer jusque dans la ville en passant au sud du fort hova. Leur effort principal vient se butter contre un poste de 25 hommes commandé par le lieutenant Castanié, de l'infanterie de marine, établi sur l'emplacement du blockhaus Aitkens. A trois reprises différentes, ils se précipitent contre le poste, nos feux de salve les arrêtent chaque fois et leur font éprouver de nombreuses pertes qui les décident à la retraite.

Le lieutenant Castanié fut décoré pour cette vigoureuse résistance.

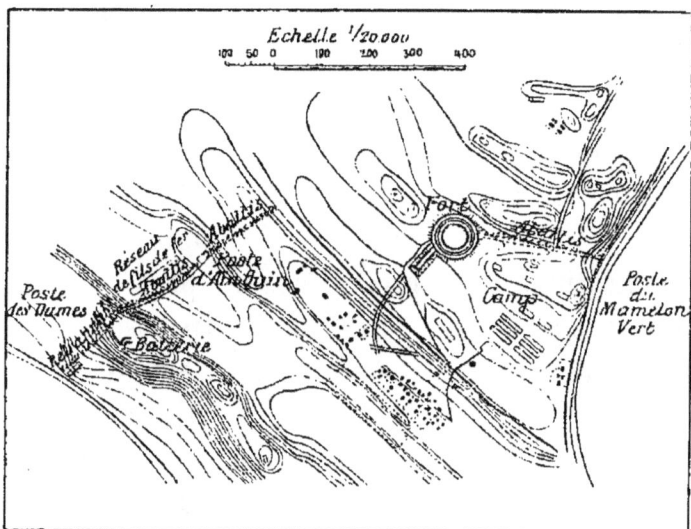

Défense de Tamatave.

La seconde attaque, du 5 juillet, eut lieu dans des conditions identiques, mais ne dura qu'une heure et demie; un homme fut tué parmi les nôtres.

Pendant toute la durée de la campagne, les attaques nocturnes se répétèrent sans cesse. Cette tactique est habituelle aux Hovas, ils en connaissent toute la puissance, basée sur l'effet de surprise. Ils n'ignorent pas non plus que le meilleur moyen de fatiguer et démoraliser un adversaire consiste à l'empêcher de dormir.

D'ailleurs l'extrait suivant des instructions de la reine de Madagascar à ses troupes démontre bien quelle importance ils attachent à cette méthode de combat :

« Si les Français vous attaquent et que vous ne puissiez tenir, retirez-vous, mais à petite distance, et harcelez-les à tout instant, *la nuit surtout*, et arrangez-vous de façon à les alarmer le plus possible et à leur faire le plus de mal que vous pouvez ; mais que ce soit de jour ou de nuit, harcelez-les, tout en tâchant de vous garer le plus possible. »

En cas de nouvelles hostilités, des instructions analogues seraient certainement mises en vigueur par l'ennemi ; il faudrait s'attendre à de nombreuses alertes, surtout la nuit, et assurer avec le plus grand soin le service de sûreté. En opérations, un réseau d'avant-postes solide ; autour des points occupés, de nombreuses défenses accessoires devront toujours garantir le corps principal ou la garnison contre les tentatives de l'ennemi et leur ménager le repos indispensable.

Opérations sur la côte nord-ouest. — Pendant que ces événements se passaient à Tamatave, on ne restait pas immobile à Majunga ; la Betsiboka était explorée, afin de déterminer un point de débarquement d'où un corps expéditionnaire pourrait marcher sur Marovay, situé sur la route de Tananarive et où l'ennemi était signalé en forces respectables. La canonnière *la Pique* remontait la rivière jusqu'à dix milles de ce point et harcelait sans relâche les troupes hovas. De son côté, la garnison faisait aux environs de fréquentes reconnaissances. Pour ménager les hommes, on ne sortait qu'aux heures favorables et on ne s'approchait de l'ennemi qu'à portée de canon.

Départ de l'amiral Pierre. — La santé de l'amiral Pierre, déjà fatiguée à son départ de France, s'était complètement perdue au milieu des fatigues accablantes de son commandement et sous l'action du climat débilitant de Madagascar.

Néanmoins, tant qu'il eut encore un reste de force, il resta à son poste; ce n'est qu'à la dernière extrémité, au moment où il pouvait douter de revoir la France, qu'il se décida à partir. Le 16 août, il remit son commandement au capitaine de vaisseau Rallier; il mourut le 11 septembre à son arrivée dans le port de Marseille, sans avoir pu revoir les siens.

Pour apprécier la valeur de l'amiral Pierre, il n'est pas besoin de remonter bien haut dans sa carrière: les événements que nous venons d'exposer en donnent la mesure complète.

Par la décision, la vigueur et la fermeté avec lesquelles elles ont été menées, les opérations de guerre révèlent un chef qui savait commander.

L'abnégation de l'amiral restant à son poste, malgré la conviction qu'il en mourrait, prouve un sentiment du devoir poussé jusqu'à l'héroïsme.

L'amiral Pierre commandait, il se donnait à sa tâche sans compter, jusqu'à la mort : c'était un chef, dans toute l'acception du mot.

On pouvait répéter sur sa tombe, cette fois avec vérité, cette expression trop souvent employée : sa perte est irréparable.

CHAPITRE II

COMMANDEMENT DE L'AMIRAL GALIBER

Instructions du Gouvernement. — C'est à l'amiral Galiber que le Gouvernement confia la lourde mission de remplacer l'amiral Pierre dans le commandement de la division navale de la mer des Indes.

Dans les grandes lignes, ses instructions étaient les suivantes :

Ne pas tenter d'opérations offensives ; tenir seulement Majunga et Tamatave, surveiller activement les côtes nord-ouest et est et attendre dans cette situation la soumission des Hovas.

Dans l'espoir qu'elle ne tarderait pas, pleins pouvoirs furent donnés à l'amiral pour traiter, de concert avec M. Baudais, consul de France à Tamatave, sur les bases de l'ultimatum.

Conformément aux demandes antérieures de l'amiral Pierre, on envoie des renforts à Madagascar pour soulager marins et soldats.

La division navale s'augmente des bâtiments suivants :

Le *Capricorne*, canonnière de station ;

La *Creuse*, transport organisé en hôpital pour 200 malades ;

Le croiseur *la Naïade* relève la *Flore* qui avait éprouvé des avaries par suite d'incendie.

Les troupes à terre sont renforcées par une compagnie de fusiliers marins ; en outre, quatre compagnies d'infanterie de marine[1] sont dirigées sur la Réunion. Elles permettront de fréquents échanges de personnel entre cette colonie et Madagascar, de manière à maintenir les troupes d'occupation dans une situation hygiénique aussi satisfaisante que possible.

On pense enfin à faire appel au patriotisme des jeunes gens de la Réunion et à tirer parti des dispositions sympathiques des Sakalaves de la côte nord-ouest.

Notre colonie est invitée à constituer deux compagnies de volontaires créoles destinées à concourir à l'occupation de Tamatave et de Majunga.

Quant aux Sakalaves, on essaiera de les utiliser comme auxiliaires indépendants et même comme soldats réguliers.

Situation sanitaire des troupes. — L'amiral Galiber arrive à Tamatave le 24 septembre 1883.

Son attention est tout d'abord appelée sur la situation sanitaire de la garnison.

La fatigue était extrême parmi les hommes débarqués, et près de la moitié de l'effectif était indisponible dans la 39ᵉ compagnie d'infanterie de marine casernée dans le fort depuis sa prise de possession.

En dehors de l'action climatérique, l'amiral Galiber attribue aux causes suivantes le mauvais état sanitaire de la garnison :

« Les fatigues du service, les alertes fréquentes.....

_____

1. Les 21ᵉ, 22ᵉ, 23ᵉ, 24ᵉ, du 4ᵉ régiment, à l'effectif de 3 officiers et 117 hommes.

« De plus, les hommes mouillés ne se changent pas ; il leur est en effet difficile de le faire ; ils ne possèdent qu'un seul pantalon de laine comme effet d'habillement.

« Une fois mouillé, vu l'état hygrométrique, il est impossible de se faire sécher. Les hommes sont munis de cirés, mais le vent fait pénétrer quand même l'humidité profondément. Les hommes couchent par terre enveloppés d'un simple couvre-pieds.

« Les vivres frais font défaut.

« L'ennui, causé par la séquestration presque complète à l'intérieur du fort, vient ajouter sa cause déprimante à ces conditions générales mauvaises. »

Des mesures sont immédiatement prises pour remédier à cet état de choses.

On améliore les casernements ; le rez-de-chaussée des nouveaux bâtiments est élevé à 1ᵐ,20 au-dessus du sol.

Des hangars construits à 500 mètres en dehors du fort, sous un massif d'arbres, procurent aux hommes qui ne sont pas de service abri et fraîcheur.

La quinine et le vin de quinquina sont distribués journellement comme mesure préventive contre la fièvre.

Le fort hova est trop encombré ; on reporte au dehors certains services dont la présence à l'intérieur n'est pas indispensable : lavoirs, latrines, écuries, cuisines, etc.

L'eau de boisson employée jusqu'alors ne présentant pas de garanties suffisantes, une machine distillatoire est demandée à la métropole.

Enfin un roulement est établi entre les troupes d'occupation et la garnison de la Réunion ; les hommes

fatigués peuvent ainsi se refaire avant d'être complètement impaludés.

Grâce à ces sages précautions, le nombre des malades ne tarda pas à diminuer, néanmoins dans le calcul
des disponibles, on dut toujours tabler sur un déchet
minimum du quart de l'effectif.

Puisqu'il s'agit de l'état sanitaire et du bien-être
des troupes, il est juste de rendre ici hommage à la
générosité de la Société des Femmes de France.

Par ses soins, de nombreux secours furent distribués
aux hommes, vin de Banyuls, tabac, vêtements, jeux
de toute sorte, etc. ; tout ce qui pouvait contribuer à
maintenir le physique et le moral en bon état, cette
Société s'ingénia à le procurer.

Grâce à elle, bien des souffrances furent soulagées,
bien des courages ranimés.

**Continuation des opérations sur la côte nord-
est.** — L'amiral Pierre n'avait pas eu le temps d'ac-
complir la destruction des établissements hovas de la
côte nord-est, ainsi que ses instructions le recomman-
daient ; seuls les postes de Foulpointe, Fénérive et
Mahambo avaient été bombardés.

Une dépêche du 27 septembre invite l'amiral Galiber à exécuter cette opération ; en même temps, une
partie de la division navale doit faire le tour de l'île
par le sud, en causant aux postes hovas établis sur la
côte le plus de mal possible.

Le *Beautemps-Beaupré* et le *Boursaint* sont chargés
de la côte nord-est ; du 26 octobre au 16 novembre,
ils bombardent et incendient Manahar, Vohémar, An-
tombouc et Marancette.

A Marancette, le bombardement de la ville est complété par une petite expédition des compagnies de débarquement qui remontent la rivière pendant deux milles pour détruire un fortin hova.

L'opération est menée avec décision par le lieutenant de vaisseau Devergie ; les canots franchissent neuf barrages successifs, malgré les coups de fusil qui les accompagnent tout le long de leur trajet.

Arrivés à portée de fusil de l'ouvrage, les marins débarquent, ouvrent sur les défenses ennemies un feu rapide de mousqueterie ; les Hovas abandonnent l'ouvrage qui est incendié ainsi que le village environnant.

De leur côté, le *Vaudreuil* et la *Nièvre* descendent la côte E. au sud de Tamatave et détruisent par le feu de leur artillerie Manourou, Mahela, Mananjari, Benanoremana, Fort-Dauphin.

Puis, conformément aux instructions ministérielles, le *Vaudreuil* continue sa route pour rentrer à Tamatave en faisant le tour de l'île.

Il a pour mission d'agir par la force contre les Hovas qu'il trouvera à sa portée et de sonder les dispositions des populations malgaches de la côte ouest.

Attaque de Majunga, 13 novembre 1883. — Aucun événement de guerre intéressant n'avait encore eu lieu à Majunga, lorsque, dans la nuit du 13 novembre, un parti ennemi, fort de 500 hommes environ, tenta sur la ville un coup de main dans le but d'enlever la reine sakalave Hanarena qui s'était réfugiée sous notre protection.

Éventés par un Makoua[1] à notre service qui déchargea son fusil sur eux, les ennemis eurent le grand tort de commencer immédiatement une vive fusillade qui donna l'éveil à la garnison et aux navires.

Canonnés immédiatement de la rade, en butte à des feux de salves partant d'un poste établi à terre dans une maison de l'agence française, ils s'enfuirent aussitôt après des pertes sérieuses.

Cette attaque démontra la nécessité de mettre la ville elle-même en état de défense ainsi qu'on l'avait fait pour Tamatave.

Comme on n'avait ni les matériaux nécessaires ni le personnel suffisant pour garnir de défenseurs toute la lisière exposée à l'ennemi, on dut se borner d'abord à occuper solidement quelques maisons en maçonnerie se flanquant réciproquement.

Mais ce système de défense ne tarda pas à être reconnu insuffisant; les flanquements étaient incomplets et laissaient subsister des intervalles non battus par lesquels pouvaient se glisser des groupes audacieux.

De plus il exigeait de nombreux détachements pour l'occupation des maisons en état de défense, ce qui fatiguait outre mesure la garnison.

Au mois de juillet 1884, sur la proposition du capitaine Brun, de l'artillerie de marine, la défense de la ville fut arrêtée définitivement sur les bases suivantes :

1° Le système de blockhaus devait être abandonné et remplacé par une enceinte continue constituée avec les maisons en bordure et les murs de clôture crénelés

---

1. Nègre de la côte d'Afrique. 80 Makouas avaient été levés et armés en qualité d'auxiliaires.

ou munis de banquettes d'infanterie; les intervalles garnis par des palanques en troncs de palétuviers;

2° L'enceinte comprenait des parties flanquantes tracées de manière à battre tous les abords des palanques;

3° Un chemin de ronde était ménagé en arrière de l'enceinte et sur tout son développement pour le service des patrouilles;

4° La ville était divisée en deux secteurs, le secteur ouest et le secteur est, séparés par le chemin conduisant au Plateau du Gouverneur; à la garde de chaque secteur était attachée une compagnie d'infanterie de marine. Les compagnies de débarquement devaient, en cas d'alerte, se concentrer sur la place du débarcadère et s'y tenir en réserve.

En outre, pour augmenter le rayon d'action de la place, on résolut de compléter l'occupation du Plateau du Gouverneur par la construction d'un ouvrage en palanques d'où l'on pourrait prendre en flanc une attaque dirigée sur la ville.

D'autres considérations relatives à l'hygiène militaient encore en faveur de cette détermination : l'altitude du plateau, la présence d'une source d'eau vive abondante et d'un bois de manguiers offrant à la troupe un abri contre les rayons du soleil, constituaient autant d'avantages appréciables.

L'ouvrage ne fut néanmoins commencé qu'en 1885, sous la direction du capitaine Poutet, de l'artillerie de marine.

Il se composait d'un petit camp palissadé sur trois de ses faces; la quatrième face, du côté de la ville, était formée par l'épais rempart en maçonnerie de l'ancienne redoute hova; quatre caponnières flanquaient les abords.

Au centre du camp, un solide blockhaus en maçonnerie, à étage, servait de réduit.

La garnison était casernée sous des baraques du système Moisant.

Pendant la durée des travaux, les Hovas cherchèrent à maintes reprises à surprendre la petite garnison, en l'attaquant de nuit, suivant leur coutume; ils furent constamment repoussés.

Il est à remarquer qu'à partir du moment où le Plateau du Gouverneur fut complètement occupé la ville elle-même ne fut plus inquiétée.

Négociations entre la France et le gouvernement hova. — Cependant, les Hovas se préoccupent de renouer des relations avec la France. Le 16 novembre, trois officiers ennemis viennent en parlementaires apporter à Tamatave une lettre du premier ministre déclarant qu'il est disposé à entrer en pourparlers avec les autorités françaises accréditées et qu'il a nommé des plénipotentiaires.

Rendez-vous est aussitôt pris par l'amiral Galiber et M. Baudais d'une part, les représentants du premier ministre de l'autre, pour le 19 novembre.

Dès cette première séance, on put constater qu'il ne fallait pas s'illusionner sur la valeur des ouvertures de la cour d'Imerina : ses plénipotentiaires n'avaient en leur possession aucun titre consacrant la validité de leurs pouvoirs.

On fut donc obligé de remettre la séance.

Le 24 novembre, une nouvelle réunion eut lieu, mais

il fut impossible de s'entendre, les plénipotentiaires hovas se refusant à admettre le premier article de l'ultimatum et déclarant en même temps ne pouvoir proposer un autre texte.

Deux jours après, ils adressaient aux plénipotentiaires français un projet de traité par lequel la France s'engageait à abandonner ses droits sur Madagascar moyennant certaines indemnités. Ils ne reçurent pas de réponse.

Il était évident que le premier ministre avait voulu simplement gagner du temps et faire respirer ses troupes ; il avait été entendu en effet qu'aucun acte d'hostilité ne serait tenté de part et d'autre, autour de Tamatave, pendant le cours des négociations.

Les opérations de guerre recommencèrent donc après quelques jours, avec une nouvelle activité.

Plusieurs reconnaissances furent exécutées dans les environs de Tamatave ; les troupes, enchantées de sortir de leur inaction, montrèrent beaucoup d'entrain et d'endurance ; quelques postes hovas furent surpris.

On put enfin juger l'importance des obstacles à traverser avant d'atteindre les lignes de Farafate. Sur tout le front de la position ennemie, des lacs, des marais, des rivières se succédaient, n'offrant aucun moyen de passage pour une colonne de quelque importance.

Dans une de ces opérations, le capitaine Pennequin, de l'infanterie de marine, aujourd'hui lieutenant-colonel, se distingua particulièrement.

Parti la veille au soir avec 25 hommes choisis, le capitaine, traversant les marais avec de l'eau jusqu'à mi-corps, surprit un poste hova au petit jour, lui fit trois prisonniers dont un officier et rentra à Tamatave après avoir fait 24 kilomètres à travers un terrain hérissé de difficultés.

Malheureusement, on était en plein hivernage, la température était très élevée et la santé du corps expéditionnaire devenait de plus en plus précaire.

On dut bientôt ralentir les opérations et faire reposer les troupes, dont une partie fut envoyée à la Réunion.

On appela en conséquence à Madagascar les deux compagnies de volontaires créoles levées dans cette colonie, l'une renforça la garnison de Tamatave, l'autre celle de Majunga ; elles arrivèrent à la fin de décembre.

Situation des esprits chez les Sakalaves. — A cette époque, le *Vaudreuil* rentra à Tamatave après avoir accompli sa tournée autour de Madagascar. Les renseignements qu'il rapportait relativement à l'attitude des indigènes de la côte ouest n'étaient guère favorables. Partout il avait rencontré des populations apathiques, incapables de se ressaisir et de secouer le joug ou absolument terrifiées par leurs ennemis.

Seuls, les Sakalaves de la reine Binao, établis aux alentours de la baie de Passandava, montraient quelques intentions de résistance, mais ne voulaient rien entreprendre sans être appuyés par des forces françaises.

Il était évident qu'il n'y avait pas à compter sur un grand mouvement populaire contre les Hovas. Les Sakalaves ne pourraient jamais être que des auxiliaires à la condition toutefois de rester en liaison intime avec nos troupes.

On dut donc abandonner les illusions qu'on s'était
faites sur les qualités guerrières et les sentiments d'indépendance de ces populations et se borner à les employer en guise d'éclaireurs, soldats ou porteurs, et
encore dans une faible mesure.

Reconnaissance des lignes de Farafate. — De
son côté, l'ennemi ne restait pas inactif. Le gouvernement hova levait des hommes en grand nombre et les
instruisait à la hâte.

Des rapports d'espions informaient le commandant
en chef que d'importants renforts arrivaient sans cesse
à Farafate.

Voulant se rendre compte des forces qu'il avait devant lui, l'amiral ordonna une reconnaissance générale sur le front des positions ennemies.

Le 14 janvier, à deux heures du matin, nos troupes
quittaient le fort et se portaient en avant en trois colonnes.

La première colonne était composée de :

180 fusiliers marins ;
50 volontaires créoles.

La deuxième de :

50 hommes d'infanterie de marine ;
150 fusiliers marins.

La troisième, au centre, comprenait :

2 canons de 65^{mm} ;
1 canon de 80^{mm} ;
1 canon de 4;
soutenus par 50 fusiliers marins.

Les bâtiments sur rade, *Naïade, Creuse* et *Vau-dreuil,* devaient appuyer de leur feu la marche des troupes.

Ce déploiement inaccoutumé de forces dans la plaine produisit le résultat cherché ; les Hovas démasquèrent leurs positions.

En première ligne, une série d'ouvrages de fortification et de nombreuses troupes évaluées à 3,000 hommes environ ;

Dans le lointain, une deuxième ligne de défense.

L'artillerie ennemie ouvrit le feu la première : sept pièces tiraient à boulets pleins, une huitième à obus; la nôtre riposta immédiatement et, dès les premiers coups, on put voir les chefs hovas fuir en *filacon* (chaise à porteurs).

Pendant ce temps, la colonne de droite continuait à progresser, se jetait sur le village d'Amboditavona, à la gauche de la ligne ennemie, et l'incendiait après une résistance peu sérieuse.

A huit heures du matin, tout le monde était rentré à Tamatave sans aucune perte.

On avait pu déterminer avec une exactitude suffisante l'emplacement des défenses de l'adversaire, les forces dont il disposait, le peu de valeur de son artillerie, les obstacles considérables que présentait le terrain:

Pour l'amiral, il devint évident qu'une action décisive sur Farafate était inopportune et même dangereuse.

La plus grosse difficulté n'était pas, en effet, d'enlever la position, mais de la conserver en repoussant l'ennemi loin dans l'intérieur. Or, nous n'avions à

Tamatave que 400 hommes environ en état de marcher ; il fallut remettre à plus tard la prise de Farafate.

Reprise des négociations. — Pour imposer à nos adversaires la plénitude de nos prétentions, une action militaire plus considérable était nécessaire ; on s'en rendait compte en France. D'autre part, la mauvaise situation de nos troupes immobilisées sur la côte malsaine de Madagascar exigeait une rapide solution.

Dans l'espoir d'en finir plus vite, le Gouvernement consentit à diminuer ses exigences ; un télégramme du 10 janvier 1884 permit à nos plénipotentiaires de ne demander au gouvernement hova que l'engagement de « n'exercer aucune action dans la région qui fait l'objet des arrangements conclus par la France en 1841 et 1842 avec les Sakalaves ».

Les Hovas se montrèrent empressés à entrer en pourparlers, mais, malgré nos concessions, ils restèrent intraitables et opposèrent à toutes nos propositions la volonté de ne céder aucun pouce de leur territoire.

« Prenez ce que vous voudrez, si vous êtes les plus forts, nous n'avons rien à vous offrir ni à vous céder », tel fut le résumé de leur discours.

De ces discussions, M. Baudais, notre consul, tirait la conclusion que la force seule viendrait à bout de leur résistance.

« L'inaction où nous sommes restés depuis dix mois, écrivait-il au président du Conseil en avril 1884, donne l'espoir au gouvernement hova que nous en resterons là et que nous deviendrons d'autant moins exigeants que la situation actuelle se prolongera.

« Quant à la résistance à nos armes, ils savent et
ils avouent qu'il est impossible de lutter contre nous.
Le gouvernement malgache compte bien qu'une action
sérieuse de notre part ne s'exercera jamais, qu'une
complication européenne viendra à certain moment y
mettre obstacle.

« Le jour où nos troupes feraient un pas en avant
sur la route de Tananarive, ses illusions s'évanoui-
raient et un traité serait facilement obtenu et je pense
que, dans ce cas, les conditions, quelles qu'elles soient,
pourraient être plutôt imposées que discutées. »

Le gouvernement français, entrant enfin dans cet
ordre d'idées, se disposa, au printemps de 1884, à une
action plus énergique. On décida d'envoyer à Madagascar des renforts suffisants pour permettre à l'amiral
Miot, désigné pour succéder à l'amiral Galiber, de
prendre une attitude plus offensive.

CHAPITRE III

Instructions du Gouvernement. — Envoi de renforts. — Dans les instructions qui lui sont données, il est recommandé à l'amiral Miot, en cas de reprise des négociations avec le gouvernement hova, de faire abstraction de toute clause relative aux limites que nous entendons assigner à nos établissements dans l'île et à notre occupation effective.

Étant donné le caractère et l'autorité de nos droits, le Gouvernement ne veut demander aux Hovas ni déclaration qui implique la reconnaissance de ces droits, ni engagement de respecter nos arrangements particuliers avec les tribus du nord de Madagascar. Son intention est d'affirmer nos droits en les exerçant, au lieu de demander aux Hovas un acte de reconnaissance.

Les engagements conventionnels ne devront porter que sur les points suivants : réparations et garanties dues à nos nationaux et paiement des indemnités.

Quant au programme des opérations militaires, il ne varie guère : continuer à occuper Tamatave et Majunga et établir en outre quelques postes sur les côtes nord destinés à devenir des points de ralliement pour les Malgaches placés sous notre souveraineté ; frapper un fort coup contre Farafate, afin de produire sur l'esprit des Hovas un effet d'intimidation salutaire.

Pour mettre l'amiral à même d'exécuter ces instructions, les troupes de Madagascar sont de nouveau renforcées :

Les 8 compagnies d'infanterie de marine de Madagascar et de la Réunion sont portées à 150 hommes.

Cette dernière colonie est invitée à fournir un bataillon de 4 compagnies de volontaires.

Un peu plus tard, le bataillon de fusiliers marins faisant partie du corps expéditionnaire du Tonkin est rappelé de cette contrée où les opérations de guerre éprouvent une accalmie et rallie Madagascar.

Un détachement de 43 artilleurs de marine et un autre de 30 gendarmes complètent les forces disponibles à terre.

La division navale de la mer des Indes reçoit la composition suivante :

Naïade, croiseur à batterie couverte portant pavillon du commandant en chef de la division ;

Forfait, croiseur à batterie barbette ;

Beautemps-Beaupré, éclaireur d'escadre ;

Scorff, transport ;

Boursaint, aviso de station ;

Capricorne, canonnière de station ;

Pique, canonnière de flottille ;

Chacal, canonnière de flottille ;

Creuse, transport-hôpital ;

Redoute, canonnière ;

Tirailleuse, canonnière ;

Allier, transport-aviso à la disposition du gouverneur de la Réunion.

L'amiral Miot arrive à Tamatave le 8 mai.

Premières négociations de l'amiral Miot avec le gouvernement hova. — Il était à peine arrivé à Tamatave que les plénipotentiaires hovas demandèrent à se rencontrer avec les plénipotentiaires français et à rouvrir les négociations. Rendez-vous fut aussitôt pris, mais comme toujours jusqu'alors, on ne put aboutir à rien.

A notre déclaration catégorique que notre ferme intention était de nous passer d'un acte de reconnaissance de nos droits et d'exercer ceux-ci purement et simplement, les envoyés hovas poussèrent de hauts cris et déclarèrent qu'ils ne pouvaient pas continuer à négocier. On se sépara donc, mais avant de les quitter, l'amiral les prévint qu'il n'accepterait de nouvelles ouvertures que pour traiter sur les bases exposées par lui.

Opérations autour de Tamatave et de Majunga. — Les opérations militaires recommencèrent sans plus tarder.

A Tamatave, on pousse de fréquentes reconnaissances sur toute la ligne des positions ennemies de Farafate. Celles-ci se renforcent continuellement; sous la direction du colonel anglais Villougby, les retranchements se perfectionnent, des positions de repli s'organisent en arrière. En présence des obstacles accumulés sur le front de l'ennemi, l'amiral renonce à toute idée d'attaque directe et cherche le moyen de tourner la position.

Son attention se porte tout d'abord sur Sahamafy, village situé à la droite des lignes ennemies; mais il faudra alors franchir la rivière de Vorinkina à l'aide d'un pont transporté à la suite des troupes. Cent mulets sont achetés dans cette intention à la Réunion.

Puis, à la suite de nouvelles reconnaissances, l'amiral renonce à toute offensive sur Farafate, tant qu'il n'aura pas de plus forts effectifs à sa disposition. Il estime que l'enlèvement des positions ennemies ne changerait rien à la question ; on serait toujours dans la même situation vis-à-vis des Hovas, tant qu'on ne pourrait les chasser au loin ; l'occupation de Farafate rendrait au contraire plus pénible le service des troupes débarquées.

En août 1884, l'effectif disponible de ces troupes se répartissait ainsi :

A Tamatave :

962 fantassins ;
27 artilleurs ;
24 gendarmes.

A Majunga :

204 fantassins ;
15 artilleurs.

A Nossi-Bé :

113 hommes.

A la Réunion :

50 hommes.

Il est évident qu'on ne pouvait songer à entreprendre une expédition de longue haleine avec aussi peu de monde.

A Majunga, on rayonne aussi jusqu'à 6 à 7 kilomètres de la place, sans résultat appréciable ; pourtant les alertes de nuit sont fréquentes, des rôdeurs pénètrent jusque dans la ville, cherchant à allumer l'incendie ou à surprendre quelques habitants. Ainsi que nous l'avons vu, c'est seulement après l'occupation du fort hova dominant la ville que ces tentatives prirent fin.

Une seule opération est à signaler de ce côté : le 4 novembre 1884, une compagnie de fusiliers marins, commandée par le lieutenant de vaisseau de Maisonneuve, rencontra un parti hova fort d'un millier d'hommes environ. En raison de la disproportion des forces, la reconnaissance se replia en bon ordre, mais les Hovas la suivirent en manœuvrant régulièrement, malgré les pertes sérieuses qu'ils éprouvèrent, et lui firent subir une perte de 1 tué et 3 blessés.

La bonne saison de 1884 se passe ainsi, en opérations de petite envergure, sans que la situation respective des adversaires se modifie. Autour des points occupés, ce sont des reconnaissances stériles exécutées avec de faibles effectifs ; le long des côtes, quelques obus sont parfois lancés par un navire de passage sur quelque poste hova ; ces événements ne présentent rien d'intéressant.

C'est surtout vers l'établissement de postes fortifiés sur les côtes sakalaves et antankares, que se portent les préoccupations du commandant en chef. Ainsi qu'on l'a vu, le Gouvernement avait recommandé cette mesure afin de mettre un terme aux incursions des Hovas et de rallier les populations dont nous revendiquions la souveraineté absolue.

Création du poste d'Amboudimadirou (août 1884). — Le choix de l'amiral se fixe d'abord sur la baie de Passandava, entre les États de la reine Binao et du roi Monza. Une redoute palissadée, avec des logements pour une compagnie, est établie sur une col-

ligne, dans le fond de la baie, auprès du village d'Amboudimadirou. De ce point, on est à même de couper les chemins suivis par les troupes hovas qui, partant du camp d'Ankaramy, situé à environ 45 kilomètres dans l'intérieur, viennent de temps à autre ravager les territoires de Binao ou de Monza, nos alliés.

Sous la protection de notre fortin, le village d'Amboudimadirou, qui avait été détruit par les Hovas, se releva rapidement. Cette prise de possession produisit d'ailleurs un grand effet sur les populations sakalaves qui se groupèrent autour de nous et nous fournirent bientôt des guides, des porteurs et même des soldats.

Le ministre de la marine autorisa en effet la levée d'une compagnie de tirailleurs indigènes. En peu de temps, les Sakalaves surent exécuter convenablement les manœuvres de l'école de compagnie et acquirent une bonne tournure militaire. Nous les verrons plus tard se conduire au feu très bravement.

Combat d'Anziaboury (15 octobre 1884). —

La construction du fortin d'Amboudimadirou ne s'acheva pas sans de fréquentes alertes ; comme toujours les Hovas profitaient de la nuit, pour essayer de surprendre la garnison ou pour inquiéter les indigènes qui avaient rallié notre drapeau.

Le capitaine Pennequin, nommé au commandement du poste, s'employa immédiatement à mettre fin à ces incursions.

Renseignements pris, on sut bientôt que les coureurs ennemis provenaient d'un camp nouvellement établi à deux heures de marche d'Amboudimadirou. L'enlèvement de cette position fut aussitôt décidé.

Le 15 octobre, après avoir confié aux compagnies de débarquement des canonnières *la Pique* et *la Tirailleuse*, mouillées dans la baie, la garde du fortin, la 39e compagnie d'infanterie de marine, forte de 4 officiers et 96 hommes se met en marche.

Les comptes rendus officiels ne font pas mention de la formation prise pour la route. Selon toute probabilité, à cause de l'étroitesse du sentier, on marche par un. La distance d'avant-garde réglementaire est diminuée considérablement ; elle est calculée de telle façon, qu'à l'annonce de l'ennemi, l'avant-garde et le gros s'étant respectivement rassemblés sur leur tête, cette dernière fraction se trouve à l'abri des coups dirigés sur la première et dispose d'une zone de manœuvre suffisante pour se porter par une diagonale à la droite ou à la gauche des premières forces déployées. La mousqueterie des Hovas étant seule à redouter, l'espace compris entre les têtes de l'avant-garde et du gros est sans doute de 300 mètres environ. Après le rassemblement pour le combat, les réserves se trouveront ainsi à bonne portée pour renforcer ou manœuvrer.

A sept heures du matin, la petite colonne arrive en vue d'Anziaboury. C'est un village fortifié, entouré d'une enceinte palissadée de 250 mètres de long sur 150 mètres de large. Le terrain aux alentours est découvert.

A 600 mètres, le premier peloton, commandé par le lieutenant Marmet [1], se déploie en tirailleurs en marchant. Deux crêtes longées par des ravins séparent la chaîne de l'ennemi.

Pendant qu'elle progresse lentement, en dissimulant sa marche le plus possible, le reste de la colonne rassemblé sur une éminence dominant l'ensemble de la position commence la préparation de l'attaque par des feux de salve.

---

1. Le commandant Marmet a été tué au Dahomey.

De tous côtés, des Hovas accourent vers le village ; la palissade se garnit et l'ennemi riposte avec vigueur.

La chaîne gagne toujours du terrain.

A 200 mètres, après avoir franchi le dernier ravin, elle commence un feu rapide.

Bientôt l'adversaire paraît ébranlé, son tir se ralentit ; son chef semble avoir grand'peine à maintenir son monde au combat ; on le voit courir et brandir son sabre.

Soudain, il tombe ; « en même temps une section de soutien débouche du ravin pour prendre l'ennemi en flanc. Soit par suite de l'arrivée de cette troupe, soit par suite de la mort de leur chef, c'est alors une débandade générale.

« La chaîne se précipite à la baïonnette sur la palissade ; on ouvre à coups de hache des passages et la poursuite continue dans le village que l'on traverse de bout en bout. »

Dans une expédition coloniale, les petits engagements comme celui du 15 octobre 1884 sont fréquents ; toutefois, il en est peu où les troupes et le terrain soient employés avec autant d'habileté. Le combat d'Anziaboury est un modèle du genre qu'il est bon de méditer.

A la suite de cette belle opération, la renommée du capitaine Pennequin se répandit dans toute la contrée ; elle y subsiste encore. Sous sa direction, les Sakalaves se reprenaient à l'espoir de chasser leurs oppresseurs et ne demandaient qu'à marcher.

En novembre, dans une expédition qu'il organisa dans le but de reconnaître le camp d'Ankaramy, situé à 45 kilomètres dans l'intérieur, le capitaine Pennequin emmena avec lui 500 hommes de Binao et 600 hommes de Monza, soutenus par 150 soldats d'infanterie de marine et deux canons.

Comme éclaireurs et flanqueurs, les Sakalaves furent très appréciés, mais leur indiscipline et leur manque d'organisation ne permirent pas de les utiliser comme troupe régulière.

Cette expérience fit ressortir en outre le parti précieux qu'on peut en tirer comme porteurs, à condition de les payer et de les laisser marcher à leur allure habituelle.

Occupation de Vohémar. — Le poste d'Amboudimadirou organisé, on occupa Vohémar sur la côte nordest. Ce point avait l'avantage d'être situé sur une transversale le reliant à Amboudimadirou, après l'occupation de Diégo-Suarez, qui devait avoir lieu ensuite, on espérait que les indigènes appuyés sur des postes tenant les routes principales, purgeraient complètement la région de tous les Hovas qui s'y trouvaient.

Le 21 novembre, après une reconnaissance préliminaire des lieux, au courant de laquelle on avait infligé à l'ennemi un léger échec, le *Beautemps-Beaupré*, l'*Allier* et le *Scorff* débarquent à Vohémar un petit corps expéditionnaire :

100 hommes d'infanterie de marine ;

240 fusiliers marins ;

10 gendarmes à cheval ;

300 porteurs antankares.

On enlève le jour même le village de la Douane, situé au fond de la baie, au pied du plateau de la Table.

Puis les troupes s'établissent au bord d'un ruisseau

d'eau vive dominé par cette hauteur ; en quatre ou cinq jours, on transporte sur l'emplacement du bivouac les cases du village de la Douane et on crée ainsi le camp de Beautemps-Beaupré.

Une ligne de sentinelles entoure le camp, de plus, un poste d'observation est installé sur le sommet de la Table, d'où l'on aperçoit, à 14 kilomètres dans le sud, le rova d'Amboanio.

Prise d'Amboanio. — Les Hovas avaient une garnison en ce point ; la sécurité de notre établissement de Vohémar exigeait qu'ils en fussent chassés. Le 26 novembre, une colonne fut dirigée sur Amboanio ; à son approche, les Hovas mirent le feu au rova et s'enfuirent vers Andraparany.

L'incendie fut rapidement éteint par nos troupes qui s'établirent dans le village voisin du fort.

Combat d'Andraparany (5 décembre 1884). — La prise d'Amboanio ne suffisait pas pour ramener le calme dans la région ; l'ennemi restait en force à Andraparany, à 35 kilomètres dans l'intérieur. Chaque nuit, des alertes mettaient la garnison sur pied ; tantôt c'était une tentative d'incendie, tantôt c'était une attaque inopinée de nos avant-postes. Les populations avoisinantes étaient terrorisées.

Pour empêcher l'ennemi de venir à nous, on marcha résolument à lui.

L'expédition fut dirigée par le capitaine de frégate Escande, qui s'était adjoint le capitaine Brun, de l'artillerie de marine, avec le titre de commandant militaire.

L'extrait suivant du rapport du capitaine Brun contient l'exposé du plan d'opération.

« Le 5 décembre, époque de la pleine lune, à une heure du matin, la colonne expéditionnaire quittait Amboanio dans l'ordre de marche suivant :

« 1° La 5ᵉ compagnie de fusiliers marins précédée d'un peloton de gendarmes à cheval et du guide ;

« 2° La 21ᵉ compagnie d'infanterie de marine ;

« 3° Le canon de 65ᵐᵐ de débarquement du *Beautemps-Beaupré,* approvisionné à 64 coups et servi par des marins canonniers et quelques artilleurs de marine ;

« 4° Le convoi de vivres, avec des porteurs malgaches et makoas ;

« 5° L'ambulance, avec des porteurs malgaches et makoas ;

« 6° La compagnie de débarquement du *Beautemps-Beaupré* en arrière-garde, chargée en même temps de la garde de l'artillerie et des convois ;

« 7° Le contingent des auxiliaires antankares avec leur roi Tsialana en tête.

« La police de la colonne et le service des ordres étaient assurés par la gendarmerie.

. . . .

« Les guerriers antankares, auxquels s'étaient jointes une partie des populations soumises étaient au nombre de 1,200 environ, tous armés de fusils à pierre et de sagaïes.

« Pour utiliser ce contingent, plus redoutable par le nombre que par la valeur et la discipline et en même temps, pour rendre la colonne plus mobile, il avait été décidé et arrêté avec vous, mon Commandant, que cette colonne serait scindée en deux groupes :

« Le premier groupe, appelé colonne de gauche, et comprenant environ 700 Antankares et un détachement de 73 fusiliers marins, sous les ordres de M. Martel, enseigne de vaisseau, devait se séparer de la colonne de droite à 8 kilomètres environ d'Amboanio, se diriger dans le sud, en contournant le massif montagneux au delà duquel est situé le plateau d'Andraparany et venir, en se rabattant à l'ouest, couper la retraite à l'ennemi sur la route qui conduit à Sambova.

« Ordre lui était donné d'occuper immédiatement les positions dominantes et d'attendre, pour marcher sur le village, l'arrivée et l'attaque de la colonne de droite.

« De son côté, la colonne de droite, après le passage du gué, devait remonter la rivière Fanamba et attaquer par le nord les positions ennemies.

« La colonne de gauche, plus mobile que la seconde, puisqu'elle n'avait pas d'artillerie, avait à franchir une distance plus longue de quelques kilomètres.

« Le chef de l'expédition était donc en droit d'espérer, qu'à moins de difficultés et d'événements imprévus, les deux colonnes, parties de points différents, déboucheraient à peu près en même temps sur le plateau pour concourir à une attaque d'ensemble et prendre l'ennemi entre deux feux. »

A 3 h. 45 m., les deux colonnes se séparent.

La colonne de droite rencontre un terrain assez mouvementé qui rend sa marche pénible.

A 11 heures du matin, elle atteint le pied des pentes d'Andraparany et s'arrête pour déjeuner.

« Le plateau d'Andraparany constitue une position militaire vraiment redoutable; dominant la vallée du Fanamba à plus de 200 mètres de hauteur, il est protégé à l'est par une chaîne de montagnes couvertes de bois impénétrables, au nord et à l'ouest, par des pentes raides ravinées, coupées de bouquets de bois très propres à la guerre d'embuscade.

« Au pied même de ces pentes, un ruisseau profondément encaissé rend encore les abords de la position plus difficiles. »

A une heure, on commence l'escalade du plateau. Un parti hova embusqué dans les taillis et les rochers, tiraille avec énergie; il est refoulé pied à pied.

La colonne met trois heures pour atteindre le sommet.

De beaux pâturages, parsemés de bouquets d'arbres, s'étendent à perte de vue.

Dans le lointain, on aperçoit le village d'Andraparany, au centre duquel s'élève un réduit ou *rova*.

« C'est un rectangle de 70 mètres de long sur 50 mètres de large. La palanque de l'enceinte se compose de pieux jointifs, d'essence dure, de 0^m,15 à 0^m,20 de diamètre et de 4 mètres de haut.

« Cette palanque est démunie de créneaux et n'est pas organisée pour fournir des feux de mousqueterie. Quatre tambours de flanquement, armés chacun d'un canon, sont placés en saillie sur les faces et au centre de la palanque, dont ils assurent ainsi le flanquement. Des tirailleurs peuvent prendre place sur une plate-forme ménagée dans les tambours de flanquement à 2^m,50 au-dessus de l'emplacement réservé à l'artillerie. »

La colonne se déploie en tirailleurs dans la largeur

VOHÉMAR—AMBOANIO—ANDRAPARANY

Plan d'ensemble.

MASSIF MONTAGNEUX INEXPLORÉ

MASSIF MONTAGNEUX
couvert de forêts impénétrables

GRANDE PLAINE MARÉCAGEUSE

Ambondrana

Amboanio

PLAINE BASSE

BAIE
DE
VOHÉMAR

ILOTS NOIRS

Vohémar

Massovalo

OCÉAN INDIEN

CAP DES GOUFFRES

Échelle au 100.000ᵉ

du plateau et s'avance sur la position ennemie. Chemin faisant, on refoule par le feu des groupes qui se replient de couvert en couvert.

Tout à coup, le feu de l'ennemi éclate avec une nouvelle énergie ; il part d'un ravin encaissé et boisé situé en avant du village et qu'on n'avait pu découvrir de loin.

C'est là que les Hovas ont concentré leurs forces. Ils garnissent en grand nombre le bord situé de notre côté ; sur chacun de leurs flancs, deux pièces d'artillerie tirent sans relâche.

La position est forte, l'attaquer de front serait une témérité.

Il faut manœuvrer pour la déborder sur son flanc gauche.

Pendant que le canon de débarquement, les gendarmes et un peloton d'infanterie entretiennent le combat de front, le gros des forces appuie progressivement à droite et s'établit en potence par rapport à l'ennemi.

Il est 5 heures, les feux rapides atteignent leur maximum.

« On touche au moment décisif. Une distance de 50 mètres à peine sépare nos braves militaires du bord du ravin. Cette distance est franchie d'un bond au pas gymnastique et les Hovas qui tiennent encore, terrifiés par cette subite apparition de nos soldats abandonnent leurs armes et cherchent à s'enfuir par le fond du ravin, en se dissimulant dans les hautes herbes.

« La victoire est complète, tous les chefs hovas sont restés sur le champ de bataille et à côté d'eux leurs meilleurs soldats.

« Le reste est une cohue qui se débande et qui, ne

pouvant se sauver par la route du sud, gardée par le détachement Martel, se précipite par les pentes escarpées de l'ouest, les seules qui restent libres.

. . . .

« Il est 5 heures et demie. Le combat est terminé, il a duré trois heures. A 6 heures et demie, la colonne de gauche, qui a fait subir des pertes sensibles aux fuyards, fait son entrée dans le village. »

. . . .

« Plus de 200 cadavres ennemis jonchent le sol.

. . . .

« De notre côté, nous n'avons que 3 blessés, dont un mortellement et deux contusionnés... »

L'enlèvement de la position d'Andraparany où les Hovas se croyaient inattaquables eut pour conséquence l'expulsion complète de ces derniers et l'anéantissement de leur influence dans le district de Vohémar.

Pour la garde de cette riche contrée, on décida l'occupation définitive d'Amboanio qui, par sa position au cœur du pays, le courant commercial qui y a toujours existé, a une importance plus considérable que Vohémar, qui n'est qu'un entrepôt.

Le rova d'Amboanio fut en conséquence restauré. On y installa des logements pour deux compagnies et des magasins pour contenir trois mois de vivres.

Cet ouvrage était formé d'une enceinte rectangulaire de 170 mètres de long sur 120 mètres de large, composée d'une solide palanque flanquée de quatre tambours.

Occupation de Diégo-Suarez. — L'année 1885 s'inaugure par l'occupation de Diégo-Suarez. Le 17 février, le transport *la Creuse*, venant de Tamatave, mouille dans la baie et en prend possession au nom du Gouvernement.

Le village d'Antsirane, habité par quelques familles sakalaves, est immédiatement mis en état de défense ; des reconnaissances rayonnent dans l'intérieur, dans le but d'assurer l'approvisionnement en viande fraîche et de se renseigner sur la situation des Hovas dans la région.

Ceux-ci occupent à Ambohémarina, à quelques kilomètres de Diégo-Suarez, un *rova* perché comme un nid d'aigle au sommet d'une montagne ; les pentes ont été escarpées, seuls des escaliers étroits taillés dans le roc, permettent l'accès de l'ouvrage.

Au cours d'une reconnaissance sur ce point, une colonne forte de 40 marins, commandée par l'enseigne de vaisseau Crova, tomba dans une embuscade et eut quelque peine à se rallier.

L'enseigne Crova fut blessé.

Nous n'entrerons pas dans le détail des mesures prises pour l'occupation définitive de Diégo-Suarez.

Comme on le sait, la baie et une portion du territoire environnant furent cédées à la France, lors de la signature de la paix avec le gouvernement hova.

Dès lors, les travaux exécutés dans notre nouvelle colonie, étant donné leur caractère de fixité, ne présentent aucun rapport avec ceux qu'on peut être amené à entreprendre au courant d'une expédition.

L'étude que nous en ferions n'entre pas dans les limites du travail que nous nous sommes fixé.

Nouveaux renforts. — En avril 1885, l'amiral

adresse au ministre de la marine un rapport résumant les opérations accomplies depuis son arrivée et exposant la situation.

Celle-ci n'a guère changé. Pour la modifier, l'amiral estime qu'il faudrait commencer à Madagascar une nouvelle politique. Renoncer à une occupation par la force d'une partie quelconque de l'île ; utiliser au contraire l'élément hova, pour notre action à Madagascar, en lui imposant le protectorat.

Pour décider les négociations, un succès complet est indispensable ; d'après l'amiral, c'est à Majunga qu'il faut le chercher en débarquant sur ce point une colonne de 4,000 hommes capable de disperser les troupes ennemies rassemblées aux environs de Marovoay.

Sans entrer immédiatement dans ces vues, le Gouvernement se préoccupe aussitôt de renforcer nos troupes.

La paix avec la Chine, signée le 8 juin 1885, rendait d'ailleurs disponibles une partie des effectifs employés au Tonkin et des réserves préparées en France.

Une compagnie d'infanterie de marine et une batterie provenant du Tonkin, six compagnies prises en France sont expédiées à Madagascar.

En août, les effectifs du corps expéditionnaire se répartissent ainsi :

A Tamatave.

1,571 fantassins ;
159 artilleurs ;
31 gendarmes à cheval.

A Majunga.

553 fantassins.

En outre, 800 hommes occupent les postes de Vohé-mar, Sainte-Marie, Diégo-Suarez, Nossi-Bé, Amboudimadirou.

Situation militaire des Hovas en août 1885. — Il est difficile de supputer avec précision les forces militaires des Hovas à la même époque. Seul le rapport d'un déserteur, le nommé Donald de Fontenay, créole naturalisé anglais, capitaine dans l'armée hova, nous donne à ce sujet quelques renseignements.

On savait déjà, par les reconnaissances effectuées, que les rassemblements ennemis devant Tamatave, Majunga, Amboudimadirou, étaient respectivement de 12,000, 10,000 et 2,000 hommes.

D'après le rapport en question, le gouvernement hova a en outre réuni à Tananarive 100,000 recrues (?) ; leur instruction est activement poussée sous la direction de quatre officiers anglais.

La capitale est entourée d'une enceinte continue en terre, précédée d'un « énorme fossé ». En avant, du côté de l'ouest, il y a plusieurs fortins.

L'armement de la place, fourni par les Anglais, est constitué en canons Armstrong de campagne.

Au sujet de l'itinéraire de Tananarive à Majunga, la relation du sieur de Fontenay renferme des indications intéressantes.

Entre la capitale et Mahévétanana, on a le choix entre deux routes.

Celle de l'ouest, qui longe l'Ikopa, est la plus courte et la plus avantageuse. Pourtant l'ennemi ne la garde pas, parce qu'il craint de gagner la fièvre dans les bas-fonds.

« La route de l'est est beaucoup plus difficile. Les accidents de terrain, les précautions prises par les Hovas, les travaux de défense élevés par eux sur les hauteurs qui commandent cette route sur à peu près la moitié de sa longueur, les travaux qu'il serait indispensable d'exécuter causeraient au corps expéditionnaire de trop longues difficultés. »

Entre Tananarive et Mahévétanana, « tous les villages sont fortifiés ou du moins protégés par des fossés profonds ; de fortes palissades entourent l'ensemble des cases et des postes militaires d'une vingtaine de soldats, choisis parmi les meilleurs, tiennent garnison dans chacun d'eux ».

A Mahévétanana, il y a 2,000 hommes armés de fusils Snider ; le village est palissadé.

Un fort en terre armé de six canons-bouche domine la rivière.

Entre ce point et Marovoay, on rencontre successivement :

Ampanihibé, village palissadé avec fort en terre armé de quatre canons-bouche ; 300 hommes de garnison.

Ankoula, palissades ; deux canons sans valeur.

Traboungy, « construit sur une hauteur qui domine la rivière et toute la vallée environnante, ce village a été fortifié avec le plus grand soin ; des retranchements en terre bien défilés l'entourent complètement ; une solide palissade garnit la crête ; la défense est confiée à 250 soldats armés de Snider ; cinq canons-bouche défendent l'enceinte principale du côté de la rivière ».

Madriy-Kéli, Ambouibay, Ambohibary, sans aucune importance militaire, sont organisés en magasins à riz ou parcs à bétail.

« Les ports militaires établis en avant de Majunga sont : Marovoay, le grand Camp et le poste fortifié d'Andretsy. »

« Marovoay, sur le bord de la rivière, s'élève sur une falaise de 40 mètres de hauteur que couronne un plateau entouré de retranchements en terre palissadés. »

Un poste avancé occupe une hauteur à 1,500 mètres au nord-est.

« Cinq cents hommes défendent Marovoay, 26 pièces-bouche garnissent le parapet, surtout du côté de la rivière, et aux trois portes qui donnent accès dans le camp. »

Le grand Camp, à huit heures de marche de Marovoay, renferme environ 3,000 hommes commandés par Ramamba.

« Construit sur une hauteur dominant les environs, il est complètement entouré par un mur de 1^m,50 d'épaisseur sur 3^m,50 de hauteur ; des créneaux et des meurtrières en grand nombre sont percés dans ces murs. Un fossé de 3 mètres de large et 1 mètre de profondeur a été creusé autour et sera prochainement agrandi.

« L'artillerie se compose de dix canons-bouche, deux mitrailleuses, deux canons Hotchkiss, deux canons de 12 en bronze se chargeant par la culasse, en tout dix-sept pièces.

« Cette artillerie peut être très rapidement portée sur un point quelconque du camp et peut tirer dans toutes les directions par les créneaux ménagés à cet effet. »

« Une tranchée-abri relie le camp à la mer dans la direction de l'Ile-Verte.

« Un poste d'observation se trouve placé à mi-distance entre le fort et la rivière..... Les troupes, d'après ses indications, se portent au fort, sur les berges et dans tous les postes préparés à l'avance. »

On ne possède aucun renseignement sur l'organisation défensive d'Andretsy.

Les troupes placées sous les ordres de Ramamba sont, en réalité, commandées par un Européen ; c'est lui qui organise les positions défensives, conduit les travaux, dirige l'instruction des troupes.

Par ses soins, des compagnies de 100 hommes sont créées, des exercices de tir sont exécutés ; une tenue et un équipement convenables sont distribués aux hommes.

Dans la prochaine campagne, les Hovas s'inspireront sans doute des dispositions prises en 1885 ; il nous a paru utile de les faire connaître.

Nouvelles négociations. — Au mois de juin 1885, M. Maigrot, consul d'Italie à Madagascar, avait offert à l'amiral Miot ses bons offices pour amener une entente avec Rainilaiarivony, premier ministre de la reine.

M. Maigrot était convaincu que le gouvernement hova s'empresserait de déposer les armes et de demander la paix si la France, au lieu d'une conquête territoriale, se contentait du protectorat de l'île, placée tout entière sous la domination de la reine.

Les négociations se succédèrent péniblement, jusqu'au mois d'août, au milieu des réticences des Hovas.

En fin de compte, il en fut de cette tentative comme des précédentes, il fallut briser net devant la déloyauté de nos adversaires : ils se disaient prêts à accepter notre protectorat, mais refusaient d'inscrire le mot lui-même dans le projet de traité.

L'amiral ne voulut pas rester sur cet échec diplomatique ; pressé de frapper un grand coup, il abandonna ses projets sur Marovoay pour entreprendre la destruction du camp de Farafate.

Lignes de Farafate. — Description du terrain. — La plaine qui entoure Tamatave du côté de l'intérieur des terres est nettement délimitée au sud et au nord par deux rivières profondes, l'Ivondro et l'Ivoholina, distantes l'une de l'autre de près de 20 kilomètres.

A l'ouest, la plaine est fermée complètement par une chaîne mamelonnée et à peu près parallèle à la mer, dont elle n'est séparée que par une distance moyenne de 5 à 6 kilomètres et qui s'appuie, d'une part, à l'Ivondro, et de l'autre, à l'Ivoholina.

Deux cours d'eau importants, le Ranomainty, tributaire de l'Ivoholina, et la Vorinkina, affluent de l'Ivondro, longent le pied de la chaîne de collines formant, entre cette dernière et la plaine de Tamatave, un immense fossé naturel de 18 kilomètres de longueur.

Sur tout ce parcours, il n'y a que quatre points

guéables, en remontant du sud au nord : les gués de Sahamafy, d'Ampanalane, de Farafate et d'Ampassimandorona. Ces quatre gués étaient battus de front et de flanc par de solides ouvrages casematés.

Dans les intervalles, d'autres redoutes palissadées et pourvues d'abris blindés étaient établies de manière à battre au loin la plaine du côté de Tamatave.

L'ensemble de ces ouvrages constituait ce qu'on a appelé les lignes de Farafate, du nom de l'ouvrage central.

Affaire de Farafate. — Effectifs hovas. — Le 10 septembre, à 5 heures du matin, toutes les forces disponibles à Tamatave, environ 1,200 hommes et une batterie, formant une seule colonne commandée par l'amiral Miot, sont dirigées vers Sahamafy, où il est plus facile, au dire des espions, d'aborder la position ennemie.

En même temps, la compagnie de débarquement de la *Naïade* fait une diversion sur la gauche ennemie en simulant une attaque par Ampassimandour, et les bâtiments de la rade (*Nielly, Bisson, Naïade*), ainsi que le fort, canonnent les hauteurs de Farafate.

Le chemin suivi par la colonne traverse la plupart du temps un terrain boisé, coupé de nombreux marigots contenant environ 0ᵐ,80 d'eau ; il débouche du bois à 600 mètres devant Sahamafy après avoir longé pendant deux kilomètres les positions ennemies à une distance de 700 mètres seulement.

A 9 heures, la pointe d'avant-garde atteint la lisière de la forêt, l'action s'engage immédiatement; en voici la relation officielle :

« Le capitaine de frégate Laguerre, qui commandait l'avant-garde, fut accueilli par un feu très vif de mousqueterie, parti d'ouvrages qui couronnaient un vaste marais et établis pour défendre le gué de Saha-mafy. Nous en étions à 600 mètres environ. C'étaient de longs retranchements qui semblaient être en terre, mais casematés, dont les larges meurtrières horizon-tales étaient garnies de défenseurs. Leurs feux étaient rapides et justes. Les projectiles indiquaient qu'ils étaient armés avec des carabines Remington.

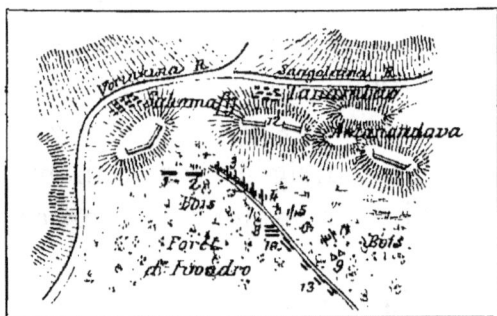

Combat de Sahamafy.

« L'avant-garde étant établie en arrière de la lisière du bois qui couronnait la berge orientale, est suc-cessivement renforcée par une première, puis une deuxième compagnie du bataillon Toureng.

« Puis je fis mettre successivement en batterie deux sections de 80 de montagne pour entamer l'ouvrage principal central d'où partait une vive fusillade. Les dispositions du terrain ne permettaient pas d'établir les canons à moins de 600 mètres.

« Le combat dura jusqu'à 11ʰ30, heure à laquelle

je fis cesser le feu, jugeant que le passage ne pouvait être tenté de ce côté et dans ce moment.

« J'ai constaté que :

« 1° Dans son ensemble, la ligne ennemie présente un développement d'environ un kilomètre sur ce point et je suis persuadé que sur la ligne entière de Sahamafy à Farafate, on trouvera des défenses semblables ;

« 2° Que les Hovas ont très bien tenu derrière leurs retranchements, que leur tir a été bien dirigé et qu'ils sont armés de fusils modernes Remington ;

« 3° Que leurs ouvrages sont bien construits et assez épais, puisqu'ils ont résisté à 380 coups de canon tirés à 600 mètres ;

« 4° Que les forces réunies sur ce point se montaient à environ 7,000 hommes ;

« 5° Qu'ils ont plusieurs canons pouvant porter à 3,500 mètres au moins ;

« 6° Du côté d'Ampassimandour, la compagnie de la *Naïade* a constaté l'existence d'une redoute sur l'extrême gauche de Farafate et des abris pour les tirailleurs. Dans la première, un canon à longue portée a dû se taire sous le feu de la *Naïade* et, dans les retranchements, on a évalué à 700 ou 800 hommes les tireurs et les renforts. »

Nos pertes s'élevèrent à :

2 tués et 31 blessés, environ 3 p. 100 de l'effectif.

A elle seule, l'artillerie comptait :

2 officiers blessés ;

1 sous-officier tué ;

6 hommes blessés ;

4 animaux tués et 8 blessés,

c'est-à-dire 10 p. 100 de son effectif.

Combat d'Andampy (27 août 1885). — L'affaire de Farafate clôture la liste des opérations de guerre de la campagne de Madagascar ; quelque temps après, de nouvelles négociations, dirigées par l'amiral Miot et M. Patrimonio aboutirent, comme on sait, au traité de paix du 17 décembre 1885, qui nous accordait le protectorat de l'île, la cession définitive de la baie de Diégo-Suarez, ainsi que 10 millions d'indemnité.

Nous ne voulons pourtant pas terminer par le récit de cette opération plutôt malheureuse et, comme la nouvelle du combat d'Andampy, livré le 27 août, n'est parvenue en France qu'après le compte rendu de l'affaire de Farafate, c'est par le combat d'Andampy que nous achèverons notre travail.

C'est encore au capitaine Pennequin, commandant le poste d'Amboudimadirou, que nous sommes redevables de cette dernière illustration de nos armes à Madagascar.

Le 26 août à 10 heures du matin, des indigènes terrorisés accourent à Amboudimadirou : les Hovas sont en train de piller et d'incendier Zongoa, village éloigné de 24 kilomètres, environ.

Le capitaine Pennequin organise aussitôt une petite colonne forte de 70 hommes de la compagnie sakalave et 50 hommes d'infanterie de marine ; dès midi, il se met en marche.

A 4 heure et demie, il atteint Zongoa, « le village est incendié, désert, quelques cadavres carbonisés gisent sur les ruines fumantes ».

Il faut avant tout savoir ce qu'est devenu l'ennemi, quelle est sa force.

La colonne « prend une forte position » et des patrouilles sont envoyées dans toutes les directions.

Les renseignements recueillis éclaircissent la situation : les ennemis sont des troupes d'Ankaramy ; ils sont fort nombreux, plus d'un millier ; ils ont de l'ar-

tillerie ; ils ont pris la direction de la vallée de Sambirano.

Sur ces entrefaites, la nuit étant venue, on se dispose à bivouaquer sur une hauteur ; « la position est bonne, le terrain bien découvert, facile à surveiller, il fait clair de lune ».

Ainsi l'ennemi est nombreux, bien armé; la colonne française va-t-elle s'aventurer à sa suite, malgré l'écrasante disproportion de ses forces?

Le capitaine n'hésite pas :

« ... Si je ne pouvais songer à m'engager à fond, contre un ennemi que je savais très supérieur en nombre, je pouvais tout au moins, en tombant sur leurs derrières, forcer les Hovas à s'arrêter, à me faire face et en prenant une bonne position, leur infliger des pertes assez sérieuses pour les forcer à la retraite. »

Le lendemain matin, on se remet en marche sur le Sambirano par Andampy et Betfitina.

Vers 8 heures, la colonne est engagée sur un chemin longeant des crêtes boisées, lorsque l'avant-garde signale l'ennemi. Les Hovas sont établis sur une crête parallèle, à pentes escarpées.

On leur envoie quelques feux de salve pour les tâter : « Deux pièces d'artillerie et une fusillade très vive nous répondent; ils ont des lignes de feux étagées sur une longueur d'environ un kilomètre; l'artillerie est à leur droite, à hauteur du village d'Andampy, dont nous apercevons les ruines fumantes. Leur tir est bien ajusté... notre position est balayée par les balles... nous avons affaire à un ennemi armé de Snider. »

Ordre est donné de se coucher, néanmoins le sergent Hein est tué, le lieutenant Valette et huit hommes sont blessés.

Il est inutile de tenter une attaque, la position est trop forte, l'ennemi trop nombreux.

Le capitaine Pennequin a alors une idée heureuse: Au lieu d'attaquer, il va manœuvrer pour se faire attaquer. Après avoir fait filer les blessés, il se replie sur une position un peu plus en arrière et à droite. « Il me semblait évident que les Hovas nous voyant nous retirer abandonneraient leur position et viendraient nous assaillir en désordre ; l'artillerie ne pourrait suivre.

« Je pris position sur un terrain en pente, bien couvert des vues des collines, au milieu des arbres, à peu de distance de la lisière, mais de façon à avoir des vues sur la position ennemie et sur les bas-fonds.

« Les Hovas crurent à une fuite, je les vis aussitôt tous s'élancer, courir en désordre, descendre les pentes et se masser dans les bas-fonds, pour nous assaillir.

« Je fis former le carré, agenouiller les hommes et mettre la baïonnette au canon. On ne devait tirer que sur mon ordre. »

Cependant, après quelque temps d'arrêt dans le ravin, l'ennemi se précipite ; « une bande vient se heurter sans s'en douter sur la face du carré à cheval sur la pente, une décharge à bout portant la fait dégringoler » ; de nouveaux assauts se répètent tantôt à gauche, tantôt à droite ; on les attend avec calme, puis des feux de salves à courte distance brisent leur élan et les dispersent.

Après une dernière attaque, une débandade générale se produit.

Alors la colonne se relève et se lance à la poursuite. « Sur toutes les collines, c'est une fuite générale, en quelques instants on ne voit plus rien ; ..... les Hovas abandonnent leurs morts sur le terrain. »

Pendant cette deuxième phase du combat, le capitaine Pennequin et trois hommes sont blessés.

Dans cette affaire, les troupes ont montré une bravoure admirable ; à la fin de son rapport, le capitaine leur rend un hommage bien justifié : les Sakalaves ont fait très bonne figure, à côté des Français : « ils ont rivalisé d'entrain, de bravoure, de discipline..., après le combat, ils ont porté les blessés français, ont soulagé les hommes fatigués en se chargeant de leurs armes ».

Notre étude de la première campagne de Madagascar est terminée.

Nous n'y avons pas rencontré de ces grandes opérations militaires où l'importance des difficultés surmontées, le grand nombre de combattants en présence frappent les esprits, donnant ainsi au succès une renommée impérissable.

Ce ne sont que de petites opérations, reconnaissances, attaques de postes, créations d'établissements militaires.

Il nous a paru pourtant utile de les présenter aux méditations de ceux qui, plus heureux que nos aînés de 1883, auront un jour l'honneur de quitter la côte pour porter notre drapeau jusqu'à Tananarive.

Leur lecture donnera un aperçu de la manière de combattre des Hovas, éveillera l'attention sur l'importance particulière que doit prendre dans une expédition à Madagascar le service de sûreté.

L'exposé de nos installations à terre pourra inspirer aussi d'utiles mesures à ceux qui se trouveront dans le cas de créer des postes nouveaux.

Enfin les quelques reconnaissances dont nous avons donné le détail contiennent des renseignements précieux pour la conduite des petites opérations de la guerre aux colonies.

Envisagée à ces différents points de vue, l'œuvre de nos aînés est loin d'être stérile, à nous de savoir en tirer profit.

VOCABULAIRE FRANCO-MALGACHE

D'après les indications de M. SUBERBIE

VOCABULAIRE

N. B. — En malgache, l'*o* se prononce comme *ou*.

La lettre *s* est toujours sifflante comme dans *chasse*.

La lettre *g* est toujours dure comme dans *langue*.

Le *j* se prononce comme *dz*.

Dr et *tr* se prononcent en appuyant la langue contre la base des incisives supérieures.

La dernière syllabe du mot est très faiblement prononcée : elle est presque muette.

1° Pronoms, articles, adverbes usuels.

Oui.	*Eny.*
Non.	*Tsia.*
Il y a.	*Misy.*
Il n'y a pas.	*Tsy Misy.*
Combien (nombre).	*Firy.*
Combien (valeur).	*Hoatrinona.*
Pourquoi (interrogatif).	*Inona no Antony.*
Comment.	*Ahoana.*
Beaucoup.	*Betsaka.*
Peu. Un peu.	*Kely.*
Rien.	*Tsinontsinona.*
Qui.	*Izay.*
Où (adverbe).	*Aiza.*
Ou (conjonction).	*Sa, na.*

Ça (pour cela).	*Izany.*
Qui ça.	*Iza.*
Ne pas.	*Aza.*
Pas.	*Tsy.*
Moi.	*Izaho.*
Toi.	*Ialahy.*
Vous.	*Hianao.*
Vous (pluriel).	*Hianareo.*
Lui.	*Izy.*
Ils, eux.	*Izy, ireo.*
Mon, mien.	*Ko, ahy.*
Ton.	*Anao.*
Son.	*Ny* (mis devant et derrière le mot : son père, *ny Rainy*).
Notre (adjectif possessif).	*Nay.*
Votre — —	*Anareo.*
Leur — —	*Ny.*
Le / La / Les article.	*Ny / Ny / Ny* article.
Le / La / Les pronom personnel.	*Izi / Izi / Ireo* pronom personnel.
Ici.	*Aty.*
Là-bas.	*Ary, Iry.*
Loin.	*Lavitra.*
Près.	*Akaiky.*
Vite.	*Haingana.*
Doucement.	*Moramora.*
Nous (sans comprendre ceux à qui l'on parle).	*Izahay.*
Nous (en comprenant ceux à qui l'on parle).	*Isika.*

2° Quelques verbes usuels.

Acheter.	*Mividy.*
Aller.	*Mandeha, Mankany.*
Apporter.	*Mitondra.*
Attaquer.	*Mamely.*
Atteler.	*Manakambana Soavaly.*
Avoir.	*Manana.*
Chercher.	*Mitady.*
Coucher.	*Mampandry.*
Coudre.	*Manjaitra.*
Couper.	*Manapaka.*
Dire.	*Milaza.*
Défendre (sens de résister, action de combat).	*Miaro.*
Défendre (sens d'interdiction).	*Mandrara.*
Donner.	*Manome.*
Dormir.	*Matory.*
Être.	*N'existe pas en malgache.*
Faire.	*Manao.*
Entendre.	*Mandre, Mahare.*
Devoir (sens de obligation, de il faut).	*Tsy Maintsy.*
Cuire (faire la cuisine).	*Mahandro.*
Marcher.	*Mandeha.*
Pouvoir.	*Mahazo.*
Piocher.	*Miasa Tany.*
Laver.	*Manasa.*
Payer.	*Mandoa Vola.*
Tirer (faire feu).	*Rere, Poa Basy.*
Venir.	*Avy, Tamy.*
Voir.	*Mahita, Mijery.*

Vouloir.	*Mikaza, Sitraka.*
Tuer.	*Mamono.*
Vendre.	*Mivarotra.*

3° Division du temps.

Une année.	*Taona Iray.*
Un mois.	*Volana Iray.*
Une semaine.	*Herinandro Iray.*
Un jour.	*Andro Iray.*
Une heure.	*Ora Iray.*
Un quart d'heure.	*Fahefany Iray.*
Une minute.	*Minitra Iray.*
Le matin.	*Maraina.*
Midi.	*Misasaka Andro.*
Le soir.	*Ny Hariva.*
La nuit.	*Ny Alina.*
Aujourd'hui.	*Anio.*
Hier.	*Omaly.*
Avant-hier.	*Afakomaly.*
Demain.	*Rampitso.*
Après-demain.	*Rahafakampitso.*
La fin.	*Ny farany.*

4° Les saisons, mois et jours.

Le printemps.	*Ny Lohataona.*
L'été.	*Ny Fahavaratra.*
L'automne.	*Ny Fararano.*
L'hiver.	*Ny Ririnina.*
Janvier.	*Janoary.*
Février.	*Febroary.*
Mars.	*Marsa.*
Avril.	*Aprily.*
Mai.	*May.*

Juin.	*Jona.*
Juillet.	*July.*
Août.	*Agosto.*
Septembre.	*Septembra.*
Octobre.	*Oktobra.*
Novembre.	*Novembra.*
Décembre.	*Desembra.*
Dimanche.	*Alahady.*
Lundi.	*Alatsinaina.*
Mardi.	*Talata.*
Mercredi.	*Alarobia.*
Jeudi.	*Alakamisy.*
Vendredi.	*Zoma.*
Samedi.	*Sabotsy.*
Un jour de fête.	*Andro lehibe.*

5° Nombres collectifs, fractionnaires, multiples.

Zéro.	*Zezao.*
Un.	*Iray.*
Deux.	*Roa.*
Trois.	*Telo.*
Quatre.	*Efatra.*
Cinq.	*Dimy.*
Six.	*Enina.*
Sept.	*Fito.*
Huit.	*Valo.*
Neuf.	*Sivy.*
Dix.	*Folo.*
Onze.	*Iraika amby ny folo.*
Douze.	*Roa amby ny folo.*
Treize.	*Telo amby ny folo.*
Quatorze.	*Efatra amby ny folo.*
Quinze.	*Dimy amby ny folo.*

Seize.	*Enina amby ny folo.*
Dix-sept.	*Fito amby ny folo.*
Dix-huit.	*Valo amby ny folo.*
Dix-neuf.	*Sivy amby ny folo.*
Vingt.	*Roapolo.*
Vingt et un.	*Iraika amby ny Roapolo.*
Vingt-deux.	*Roa amby ny Roapolo.*
Trente.	*Telopolo.*
Quarante.	*Efapolo.*
Cinquante.	*Dimampolo.*
Soixante.	*Enimpolo.*
Soixante-dix.	*Fitopolo.*
Quatre-vingts.	*Valopolo.*
Quatre-vingt-dix.	*Sivifolo.*
Cent.	*Zato.*
Cinq cents.	*Dimanjato.*
Mille.	*Arrivo.*
Un million.	*Iray Tapitrisa.*
Le premier.	*Ny Voalohany.*
Le deuxième.	*Ny Faharoa.*
Le troisième.	*Ny Fahatelo.*
Le quatrième.	*Ny Fahefatra.*
Le cinquième.	*Ny Fahadimy.*
Le sixième.	*Ny Fehenina.*
Le septième.	*Ny Fahafito.*
Le huitième.	*Ny Fahavalo.*
Le neuvième.	*Ny Fahasivy.*
Le dixième.	*Ny Fahafolo.*
Le onzième.	*Ny Faharaika amby ny folo.*
Le douzième.	*Ny Faharoa amby ny folo.*
Le treizième.	*Ny Fahatelo amby ny folo.*
Le quatorzième.	*Ny Fahefatra amby ny folo.*
Le quinzième.	*Ny Fahadimy amby ny folo*
Le dernier.	*Ny Farany.*
La moitié.	*Ny Antsasaka.*

Le tiers.	Ny Fahatelo.
Le quart.	Ny Fahefany.
Le double.	Indroa heny.
Une fois.	Indray.
Deux fois.	Indroa.

6° Dimensions, formes.

Un carré.	Karé, Efajoro Mitovy lafy.
Un rond.	Vorivory Iray.
Rond.	Vorivory.
Hauteur.	Hahavo.
Largeur.	Habe, Sakana.
Profondeur.	Halalina.
Petit.	Kely, Madinika.
Grand.	Lehibe.
Droite	Ankavanana.
Centre } d'une position.	Ampovoana.
Gauche	Havia.

7° Couleurs.

Blanc.	Fotsy.
Bleu.	Monga.
Brun.	Manja.
Gris.	Mavo.
Jaune.	Vony.
Noir.	Mainty.
Rouge.	Mena.
Vert.	Maitso.

8° Monde céleste, orientation.

Le ciel.	Lanitra.
Une étoile.	Iray Kintana.

La lune.	*Volana.*
Le clair de lune.	*Diavolana.*
Le soleil.	*Masoandro.*
Le lever du soleil.	*Miposaka ny Masoandro.*
Le coucher du soleil.	*Maty ny Masoandro.*
Le nord.	*Avaratra.*
Le sud.	*Atsim.*
L'est.	*Atsinana.*
L'ouest.	*Andrefana.*

9° La terre.

Argile.	*Tanimanya.*
Terre.	*Tany.*
Sable.	*Fasika.*
Pierre.	*Vato.*
Cailloux.	*Vatokiloujy.*
Rocher.	*Vatolampy.*
Une colline.	*Tanety.*
Une montagne.	*Tendrombohitra.*
Une vallée.	*Lahasaha.*
Un plateau.	*Tany marintampona.*
Un précipice.	*Tevana.*
Une plaine.	*Tany Lemaka.*
Une rive.	*Moron drana.*
Un désert.	*Tany foana.*
Une île.	*Nosy.*
Une contrée.	*Tany, Fary tany.*
Boue.	*Fotaka.*

10° L'eau.

La mer.	*Ranomasina.*
Une rivière ou fleuve.	*Renirana.*
Ruisseau.	*Jakeli-Irano.*

Lac.	*Farihy.*
Marais.	*Hotsaka heniheny.*
Prairie marécageuse.	*Tanim bilona hotsaka.*
Une inondation.	*Fahatondrahandrano.*
Une source.	*Laharano.*
Un puits.	*Fantsakana, lalina.*
Une cascade.	*Riano.*
Un rapide ⎫ fort faible.	*Miezaka.*
Un courant ⎭	*Rano mandeha moramora.*
Un canal.	*Lakandrano tatatra.*
Un abreuvoir.	*Dobo-Fampisotroan drano ny biby.*
De l'eau potable.	*Rano azo sotroina.*
Une digue.	*Fefiloha.*
⎧ raide.	*Morondrano Visolobolo.*
Une berge ⎨ à pic.	— *Mideza.*
⎩ à pente douce.	— — *moramora.*
⎧ vaseux.	*Halalina fotaka.*
Fond ⎨ solide.	— *Mafy.*
Quelle profondeur.	*Hoatrinona ny Halalina.*
Un gué.	*Fitana azo robohina.*

11° Végétation, aspect du sol.

Arbre.	*Hazo.*
Latanier.	*Befelatanana.*
Bananier.	*Vatan Akondro.*
Rafia.	*Rofia.*
Caoutchouc.	*Fingotra.*
Bambous.	*Volotsangana.*
Palétuvier.	*Honko.*
Herbes sèches.	*Bozaka.*
Cactus.	*Tsilo.*

Broussaille.		Hazohazo kely.
Herbe	grande.	Ahitra.
	courte.	Vilona.
Taillis.		Kirchitr'ala.
Forêt.		Ala be.
Petit bois.		Ala kely.
Prairie.		Tanim bilona.
Rivière.		Renirano Lalanrano.
Terrain	sec.	Tany mania.
	dénudé.	— manala nofo.
	couvert.	— Alokaloka.
	pierreux.	— be Karvabato.
Cultures :		
Manioc.		Mangahazo.
Patates.		Voamanga.
Canne à sucre.		Fary.
Riz, rizière.		Vary, Tanimbary.
Haricots.		Tsaramaso.
Café.		Kafé.
Blé.		Varim bazaha.
Vanille.		Vanila.

12° État de l'atmosphère.

La pluie.	Ranonorana.
Une averse.	— mivatravatra.
Le brouillard.	Zavona.
Le vent.	Rivotra.
Un orage.	Ranonoram baratra.
Chaud.	Mafana.
Froid.	Manyatsiaka.
Humidité.	Hamando.
Beau temps.	Tsara ny Andro.
Mauvais temps.	Ratsy ny Andro.

13° Substances minérales.

Alun.	*Alun.*
Argent.	*Vola.*
Cuivre.	*Varaina.*
Or.	*Volamena.*
Plomb.	*Fira mainty.*
Granit.	*Vatomainty, Vatolampy.*
Calcaire, chaux.	*Vatosokay-Sokay.*
Terre glaise.	*Tanimauga.*
Brique.	*Biriky.*
Tuile.	*Tanimanga Kapila.*

14° L'homme, la famille.

Un enfant.	*Zazakely.*
Un garçon.	*Zazalahy.*
Une fille.	*Zazavavy.*
Un homme.	*Lehilahy.*
Une femme.	*Vehivavy.*
Jeune.	*Tanora.*
Vieux.	*Antitra.*
Un vieillard.	*Olona Autitra.*
La famille.	*Fianakaviana.*
Le grand-père.	*Raibe.*
La grand'mère.	*Renibe.*
Le père.	*Ray.*
La mère.	*Reny.*
Le fils.	*Zanakalahy.*
La fille.	*Zanakavavy.*
La sœur.	*Rahavavy Mirahavavy.*
Le frère.	*Miralahahy.*
Oncle.	*Anadahin-dreny* ou *Rahala-hin-dray.*

Tante.	*Anabavin-dray* ou *Rahabavin-dreny*.
Tante (sœur de père).	*Anabavin dray.*
— — mère).	*Rahanabavin dreny.*
Cousin.	*Zanak'olo miralahy.*
Cousine.	— —
Mari.	*Vady lahy.*
Épouse.	*Vady vavy.*

15° Parties du corps humain.

La tête.	*Loha.*
Les cheveux.	*Volo.*
L'œil.	*Maso.*
Le nez.	*Orana.*
Les oreilles.	*Sofina.*
La bouche.	*Vava.*
La barbe.	*Volombava.*
La moustache.	—
Le cou.	*Vozona (lenda).*
Les bras.	*Sandry.*
La main.	*Tanana.*
La poitrine.	*Tratra.*
Le ventre.	*Kibo.*
Les jambes.	*Ranyo.*
Les cuisses.	*Fe.*
Les pieds.	*Tongotra.*
Le cœur.	*Fo.*
Le sang.	*Ra.*

16° Qualités, défauts, état d'esprit.

Ami.	*Sakaiza.*
Ennemi.	*Fahavalo.*
Amitié.	*Fihavanana.*

Bonté.	*Hatsarana.*
Bon.	*Malemyfanahy* ou *Ny Tsara* ou *Tsara* tout court.
Courage.	*Herim po.*
Intelligent.	*Manan tsaina.*
Honnête.	*Tsara fanahy.*
Content.	*Faly* ou *Afa po.*
Savant.	*Mahay.*
Colère.	*Hatezerana.*
Méchant.	*Sompatra* ou *Ratsy Fanahy* ou *Masiaka.*
Impoli.	*Tsy mahalala fomba.*
Inintelligent.	*Tsy mahay.*
Ignorant.	*Tsy mahalala.*
Peureux.	*Sarotahotra.*
Voleur.	*Mpangalatia.*

17° Propriété du corps humain.

Fort.	*Mataiyaka.*
Faible.	*Kely aina* ou *Osa.*
Gros.	*Be vatana* ou *Vaventy.*
Maigre.	*Mahia.*

18° Accidents, maladies.

Être malade.	*Marary.*
Douleur.	*Fangirifiriana.*
Maladie.	*Aretina.*
Blessure grave.	*Ratra mafy.*
— légère.	*Ratra kely.*
Maladie.	*Aretina.*
Ivresse.	*Hamamoana.*
Fièvre.	*Tazo.*
Diarrhée.	*Fivalandava.*

Ivre.	*Mamo.*
Dysenterie.	*Mivalan dava.*
Vomissement.	*Fandoavana.*
Empoisonnement.	*Fanomezana poizina.*
Insolation.	*Hafaninana avy amy ny la-*
—	*zon andro.*
Rhumatisme.	*Rohana, Hotsohotso.*
Petite vérole.	*Nendra.*
Lèpre.	*Habokana.*
Syphilis.	*Tely* ou *Kobay* ou *Farisisa.*
Mort.	*Fahafatesana* ou *Maty.*
Cadavre.	*Faty.*
Convalescent.	*Fanaretana.*
Guéri.	*Sitrana.*
Charpie.	*Vahan Lamba.*
Bandage.	*Bandy* ou *Famehezam pery.*
Médecin.	*Dokotera.*
Médecine.	*Fanafody.*
Infirmier.	*Mpitsabo.*

19° Habillement, équipement, armement.

Bottes.	*Baoty.*
Chaussures.	*Kiraro.*
Caleçon.	*Kalisaona.*
Casque.	*Satroka.*
Chapeau.	*Satroka.*
Chaussettes.	*Ba fohy.*
Chemise.	*Lobaka.*
Culottes.	*Pataloha.*
Guêtres.	*Gety.*
Dolman.	*Akanjo, Manambonniahitra.*
Linge.	*Lamba.*
Manteau-caoutchouc.	*Kapoaty fingotra.*

Veston.	*Akanjo bory vody.*
Selle.	*Lasely.*
Éperon.	*Zeprony.*
Sac.	*Lasaka* ou *Kitapo.*
Couverture.	*Botofotsy.*
Ceinturon.	*Fehikibo.*
Fusil.	*Basy.*
Revolver.	*Basy poleta maro vava.*
Sabre.	*Sabatra.*
Cartouches.	*Katirijy.*
Lorgnette.	*Masolavitra.*
Parasol.	*Elo.*
Parapluie.	*Elo sarotro.*
Canne.	*Tehina.*
Serpe.	*Antsy Solanga.*
Sabre d'abatis.	*Antsy lava.*

Étoffes.

Coton.	*Landihazo.*
Drap.	*Lopotra.*
Flanelle.	*Filanelina.*
Indienne.	*Zindiena.*
Toile.	*Lamba, Rougony.*

Objets de toilette.

Aiguille.	*Faujaitra.*
Épingle.	*Pingotro.*
Fil.	*Taretra.*
Bouton.	*Bokony.*
Brosse.	*Borosy.*
Savon.	*Savony.*
Peigne.	*Fihoyo.*
Rasoir.	*Hareza.*

Miroir.	*Fitaratra.*
Serviette.	*Famaohan tànano* ou *Serviety.*
Ciseaux.	*Hety.*

20° Préparation du repas, manger, boissons.

Faim.	*Hanoanana.*
Soif.	*Hetaheta.*
Dîner.	*Misakafo.*
Déjeuner.	*Misakafo Marania.*
Bois de chauffage.	*Kitay Hazo.*
Charbon.	*Arina.*
Feu.	*Afo.*
Allumette.	*Afokasika* ou *Afokasoka.*
Fumée.	*Setroka.*
Bière.	*Labiera.*
Vin.	*Divin.*
Thé.	*Dithé.*
Lait.	*Ronono.*
Pain.	*Mofo* ou *Dipaina.*
Farine.	*Lafarina.*
Riz.	*Vary.*
Pommes de terre.	*Ovimbazaha.*
Patates.	*Vomanga.*
Manioc.	*Mangahazo.*
Soupe.	*Lasopy.*
Viande.	*Hena*
OEufs.	*Atody.*
Poulet.	*Akoho.*
Oie.	*Vorombé* ou *gisa.*
Canard.	*Vorombazaha.*
Poissons.	*Hazandrano.*
Écrevisses.	*Orana.*
Herbes pour la cuisine, remplaçant bois de chauffage,	*Kitay bozaka.*

Gibier.	*Biby fihaza.*
Perdrix.	*Tsipoy.*
Caille.	*Papelika* ou *Kibobo.*
Daim.	*Dami.*
Bœuf.	*Omby.*
Veau.	*Zanakomby.*
Mouton.	*Ondry.*
Cochon.	*Kisoa.*
Chèvre.	*Osivavy.*
Salade.	*Salady.*
Légumes.	*Voan Savatra.*
Haricots.	*Tsaramaso.*
Graisse.	*Menaka.*
Beurre.	*Dibera.*
Moutarde.	*Moustarda, Mostarda.*
Huile.	*Dilvilo.*
Vinaigre.	*Vinaingitra.*
Sel.	*Sira.*
Poivre.	*Dipoavratra.*
Conserve de viande.	*Hena Voatahiry anaty vata.*
Conserves.	*Zavatra isakarazo hanina anaty vata.*
Dessert.	*Fromayy sy voankazo, hanina farany.*
Fruit.	*Voankazo voa.*
Fromages.	*Fromazy.*
Bananes.	*Akondro.*
Orange.	*Laoranjy.*
Biscuit.	*Mofomamy.*
Sucre.	*Tsiramamy.*
Café.	*Kafé.*
Rhum.	*Toaka.*
Tabac.	*Paraky.*
Orge.	*Karazam barim bazaha.*

21° Ustensiles, objets de ménage.

Assiette.	*Lovia* et *Vilia.*
Bouteille.	*Tavoahangy.*
Verre.	*Gobelet* et *Verry.*
Cuiller.	*Sotro.*
Fourchette.	*Forsety.*
Couteau.	*Antsy.*
Bougie.	*Labozy.*
Bougeoir.	*Fanaovan-jiro.*
Lampe.	*Fanaovan-jiro solika.*
Pétrole.	*Solitany.*
Lanterne.	*Fanala.*
Casserole.	*Kaseroly.*
Marmite.	*Vilany.*
Poêle.	*Lapoaly.*
Cafetière.	*Kafitera.*
Pot.	*Tavoara.*
Foyer.	*Fatana.*
Banc.	*Dabolio.*
Table.	*Latabatra.*
Chaise.	*Seza.*
Malle.	*Mally* ou *Vata.*
Couvercle.	*Rakotra* ou *Sarona.*
Serviette.	*Lamba fitondra Mihinana* ou *Famaohan tanana.*
Un panier.	*Sobika* ou *Harona.*
Une pelle.	*Lapely.*
Pioche.	*Angady, Lapiocha.*
Seau.	*Fitondran rano.*
Arrosoir.	*Siny, Larozoir.*
Scie.	*Tsofo, Tsofa.*
Marteau.	*Maroto* ou *Tantànana.*
Tenaille.	*Tandra mokatra.*

Serpe.	*Antsy solanga loha.*
Clous.	*Pantsika.*
Brouette.	*Boroety.*

22° Habitations, mobilier, campement.

Une maison	paille. torchis. bois. brique.	*Trano*	*bozaka.* *fotaka.* *hazo.* *biriko.*

Une boutique.	*Trano fivarotana.*
Une cheminée.	*Lafaoro* ou *Fivoantsetroko.*
Un étage.	*Rihana.*
Un toit.	*Tafon trano.*
Un plancher.	*Nyorodonkazo.*
Une porte.	*Varavarambe.*
Un pont.	*Tetezana.*
Une fenêtre.	*Varavaran kely.*
Un volet.	*Varavaram kely hazo.*
Un escalier.	*Tohatria.*
Lieux d'aisances.	*Tranokely.*
Grenier.	*Rihana ambony indrindra.*
Mur.	*Rindrina* ou *Ampiantany* ou *Rarwato.*
Cuisine.	*Lakosina.*
Jardin.	*Zarday.*
Chien de garde.	*Alika mpiambina.*
Chat.	*Saka* ou *Piso.*
Rats.	*Voalavo.*
Une rue.	*Araben dàlana.*
Église.	*Eglizy.*
Douane.	*Ladoany.*
Palais.	*Lapa* ou *Rova.*
Pont.	*Tetezana.*

Puits.	*Fantsakana, latina.*
Marché.	*Tsena.*
Place publique.	*Kianja.*
École.	*Sekoly.*
Village.	*Tanana kely* ou *Vohitra.*
Village fortifié.	*Vohitra fanamafisana.*
Pont-levis.	*Tetezana hazo.*
Hôpital.	*Hospitaly.*
Lit.	*Farafara* ou *Fandriana.*
Drap.	*Lopotra.*
Couverture.	*Bodofotsy.*
Matelas.	*Kidoro.*
Moustiquaires.	*Lamba Makarakara atao aro moka any Fandriana.*
Moustique.	*Moka.*
Table.	*Latabatra.*
Chaise.	*Seza.*
Armoire.	*Larimoira.*
Fourneau.	*Lafory* ou *Fatana.*
Tente.	*Tranolay.*
Paillote.	*Tranobozaka.*
Corde.	*Tady.*
Piquet.	*Tsato hazo.*
Ficelle.	*Kofehy madinika.*
Bambous.	*Volotsangana* ou *Volo.*
Natte.	*Tsihy.*
Campement.	*Toby* ou *Fitobiana.*
Tente.	*Tranolay.*
Cantonnement.	*Itocran ny Miramila.*

23° Voyage, route, moyens de locomotion par terre et par eau.

Voyage.	*Fandehanana* ou *Dia.*
Voyageur.	*Mpivahiny* ou *Vahiny.*

Postes.	*Posta.*
Télégraphe.	*Telegrafy.*
Fil télégraphique.	*Kofehy amy ny telegrafy.*
Pont.	*Tetezana.*
Conducteur.	*Mpitaridalana.*
Porteur.	*Mpitondra Entana.*
Charge d'homme.	*Entana Zakan olona iray.*
Courrier.	*Mpitondra Taratasy.*
Cheval.	*Soavaly.*
Chien.	*Alika.*
Mulet de bât.	*Moulet Mpitondra entana.*
Mulet de trait.	*Moulet mpitarika.*
Voiture.	*Sarety* ou *Kalesy.*
Un guide.	*Mpitari-dàlana.*
Un fouet.	*Karavasy.*
Un harnais.	*Fomban tsoavaly hitarihan Kalesy.*
Bac.	*Salàna.*
Bateau à vapeur.	*Sambo Sitimo.*
Bateau à voile.	*Sambo lay.*
Canonnière.	*Sambo sitimo mitondro tafondro.*
Chaland.	*Salàno.*
Pirogue.	*Lakana.*
Débarcadère.	*Fitodraci dakana.*
Route.	*Làlano* ou *Lalambé.*
Sentier.	*Sakelo dàlana.*
Canne.	*Tchina.*
Bâton.	*Tchina.*
Convoi.	*Olona maro manarako mpitondro fivelomana.*
— de vivres.	

24° Professions diverses.

Un esclave.	*Andevo.*
Un noble.	*Andriana.*
Un domestique.	*Mpanompo.*
Un cuisinier.	*Mpahandry.*
Un conducteur.	*Mpitarika.*
Un marchand.	*Mpivarotro.*
Une blanchisseuse.	*Mpanasa lamba.*
Un porteur.	*Mpilanja* ou *Mpitondro entana.*
Un interprète.	*Mpandika teny.*
Un coiffeur.	*Mpanety volo.*
Un menuisier.	*Mpanao rafitra Madinika* ou *Mpandrafitra.*
Un forgeron.	*Mpamfy Vy.*
Un maçon.	*Tambato.*
Un mécanicien.	*Mpanao-Milina.*
Un tailleur.	*Mpanjaitra.*
Un épicier.	*Mpivarotra,* épicerie.
Un quincaillier.	*Mpivaro-by.*
Un chef.	*Lehibe, Komandy, Mpifehy.*
Un médecin.	*Dokotora.*
Un pasteur.	*Mpitondra fiangonana.*
Un prêtre.	*Pretra, Mompera.*
Un catholique.	*Katolika.*
Un protestant.	*Protestanta.*
Un gouverneur.	*Governora.*
Un sous-gouverneur.	*Lefitra Governora.*
La reine.	*Mpanjaka vavy* ou *Mpanjaka.*
Le premier ministre.	*Primer Minister.*
Un premier, deuxième, etc., honneur.	*Iray Voninahetra, Roa Voninahetra,* etc.
Un religieux.	*Lehilahy Mivavaka.*
Une religieuse.	*Vehivavy* —

25° Nationalités.

Un Européen.	*Europeana.*
Un Français.	*Frantsay.*
Un Allemand.	*Germana.*
Un Anglais.	*Englisy.*
France.	*Frantsa.*
Allemagne.	*Germania.*
Angleterre.	*Englanda.*
Madagascar.	*Madagaskara.*
Sakalave.	*Sakalava.*
Hova.	*Hova* (homme libre).
Un Indien.	*Indiana.*
Un Arabe.	*Arabo.*
Un nègre.	*Olona mainty hoditra.*

26° Armée, armement, fortifications.

Une armée.	*Tafika* ou *Mpiantafika.*
Une compagnie.	*Kompany.*
Un bataillon.	*Efatia Kompany, Bataillo* ou *Batayo.*
Un escadron.	*Antoko miaramila mpitaingin tsoavaly* ou *Escadro.*
Une batterie.	*Batery.*
Un régiment.	*Antoko miaramila fehezin ny kolonely.*
Éclaireur.	*Tily* ou *Mpisafo.*
Avant-garde.	*Loha làlana amy ny tafika.*
Avant-poste.	*Mandry tsy aman' afo.*
Arrière-garde.	*Vody Ady.*
Convoi.	*Olona maro manaraka.*
Un soldat.	*Miaramila.*
Une sentinelle.	*Mpiambina* ou *tily.*

Un fantassin.	*Miaramila mandeha tongotra.*
Un artilleur.	*Mpandefa tafondro* ou *miaramila amy ny tafondro.*
Un cavalier.	*Miaramila mpitaingin tsoavaly.*
Un conducteur du train.	*Miaramila mpitondra kalesy.*
Un marin.	*Miaramila amy ny Sambo.*
Un porteur.	*Mpitondra entana* ou *Mpilanja.*
Un infirmier.	*Mpitsabo.*
Un musicien.	*Mpitsoka mozika.*
Un clairon.	*Mpitsoka Bingona.*
Un tambour.	*Mpively langorony.*
Un sous-officier.	*Manamboninalutro ambony, sous-lieutenant.*
Un lieutenant.	*Lieutenant.*
Un capitaine.	*Kapiteny.*
Un chef de bataillon.	*Komandy.*
Un colonel.	*Kolonely.*
Un général.	*Jeneraly.*
Un amiral.	*Amiral.*
Général en chef.	*Komandni ny tafika, jénéral in chief.*
État-major.	*Mananboninahitra maromaro miadidy, Antoko-miaramila iray lehibe.*
Aide de camp.	*Deka.*
Un intendant.	*Mpitandrina toniany iray ilain miaramila.*
Un médecin.	*Dokotera.*
Un canon.	*Tafondro.*
Une mitrailleuse.	*Tafondro mifahan betsàka.*
Un fusil se chargeant par la culasse.	*Basy fahanbody.*

Un fusil se chargeant par la bouche.	*Basy kapsuly.*
Un sabre.	*Sabatra.*
Une lance.	*Lefona.*
Une hache.	*Famaky.*
Des munitions.	*Fitoavana Fiadiana.*
Une cartouche.	*Katirijy.*
Une balle.	*Baolina.*
Un obus.	*Bomba.*
Poudre.	*Vanja.*
Un drapeau.	*Saina.*
Une recrue.	*Zazavao.*
Un uniforme.	*Mitovitovy tantana.*
Forteresse.	*Manda* ou *batery.*
Palissade.	*Rova hazo.*
Petits piquets.	*Tsato hazo madinika.*
Parapets.	*Tamboha vato ambony ny Manda.*
Fossés.	*Hady.*
Tranchées.	*Fototra* ou *Tatatra.*
Bataille.	*Ady.*
Victoire.	*Fandresena* ou *Mandresy ny Fahavalo.*
Retraite.	*Fiverenana.*
Fortifications.	*Manda* ou *Rova.*
Réduit fortifié.	*Manda Fitoeranan kely manynignia.*
Embrasure.	*Banga aitifirana amy ny tafondro.*
Haie de cactus.	*Fefytsilo.*

27° Commerce, marchandises.

Un marchand.	*Mpivarotra.*
Un commis.	*Mpanampy ny Mpivarotra.*

Une quittance.	*Taratasy milaza fahafahan trosa.*
Une balance.	*Mizana.*
Un ballot.	*Bandiana.*
Une dette.	*Trosa.*
Crédit.	*Toky* ou *Fahatokiana* ou *Fitrosana.*
Une lettre.	*Taratasy.*
Signature.	*Sonia.*
Solde.	*Karam ny Miaramila.*
Marchandise.	*Entam barotra.*
Caoutchouc.	*Fingotra.*
Gomme.	*Gaoma.*
Cire.	*Savoka.*
Vanille.	*Vanila.*
Sel.	*Sira.*
Sucre.	*Siramamy.*
Nattes.	*Tsihy.*
Cuir.	*Hoditry.*
Rabanes.	*Sadiadiaka.*
Bétail.	*Biby manompa iray dia,* ou bien si c'est des bœufs, *Reniomby iray dia.*
Cornes de bœuf.	*Tandrokomby.*
Peaux.	*Hoditry.*
Toile.	*Lamba rongony.*
Lambas.	*Lamba.*
Broderies.	*Amboradara.*

28° Peinture, écriture.

Du papier.	*Taratasy.*
Un cahier.	*Boky fanoratana.*
Un cachet.	*Fitomboka.*
Un crayon.	*Pensily Hazo.*

Un dessin.	*Sary soratra.*
Encre.	*Ranomainty.*
Un plan.	*Sary plana.*
Papier à lettre.	*Taratasy fotsy.*
Enveloppe.	*Fono Valopy.*

29° Chasse et pêche.

Chasseur.	*Mpihaza, mpitifitra.*
Chien.	*Alika.*
Un cerf.	*Serfa.*
Un chevreuil.	*Sevreuil.*
Perdrix.	*Tsipoy.*
Caille.	*Papelika* ou *Kibobo.*
Poissons.	*Hazandrano.*
Caïman.	*Voay* ou *Mamba.*
Requin.	*Antsantsa.*
Des filets.	*Karato* ou *Lahavy* ou *Tsipika.*
Hameçons.	*Fintana.*

30° Reconnaissance militaire.

Chemin carrossable.	*Làlambè mahazo Kalecha.*
Chemin muletier.	*Làlambè mahazo handehany moulet.*
Sauf-conduit.	*Karazam pàsipaoro.*
Troupes.	*Andiany* ou *Tafika* ou *Antokony.*
Position ennemie.	*Fitoerana Fahavalo.*
Droite de la position.	*Fitoerana Amy ny Havanana.*
Gauche de la position.	*Fitoerana Amy ny Havia.*
Centre de la position.	*Ampivoany ny Fitoerana.*
Bonne position.	*Tsara ny Fitoerana.*
Mauvaise position.	*Ratsy ny Fitoerana.*

Crête.	*Tampony.*
Front.	*Ala.*
Marche.	*Dia* ou *Fandeha.*
Bruit.	*Fitabatabana.*
Cris.	*Horakorako.*
Aboiement.	*Vovó.*
Signal.	*Famantarana.*
Poussière.	*Vovoka.*
Silence.	*Fanginana.*
Odeur.	*Fofona.*
Combien d'heures.	*Firy famantaranandro.*
Combien de jours.	*Hafiriana.*
Convoi.	*Olona maro manaraka.*
Vivres.	*Fivelomana.*

NOTE

MONNAIES, POIDS ET MESURES MALGACHES

———

Il n'y a pas, à Madagascar, de monnaie indigène.

La pièce de 5 fr. de l'Union latine, qu'on appelle improprement *piastre*, a seule cours.

La monnaie divisionnaire française n'a pas cours, sauf à Tamatave, où elle est acceptée par les indigènes.

Autant que possible, les Malgaches n'acceptent pas, sans une légère perte de change, les pièces de 5 fr. de frappe antérieure au règne de Louis-Philippe.

La piastre mexicaine n'a plus cours à Madagascar.

On coupe les pièces de 5 fr. en un certain nombre de morceaux, qui constituent alors la monnaie divisionnaire du pays.

Pour effectuer les paiements avec cette monnaie, on se sert de petites balances.

La piastre argent coupée pèse 27 grammes ; elle représente le poids de l'ancienne piastre espagnole, dite *Talary,* qui pesait 27 grammes et qui était autrefois la seule piastre ayant cours.

———

Poids des monnaies malgaches.

2 *Loso*	. . . . .	27^{gr},0
Kirobo	1/4 d'une piastre .	6 ,52
Sikajy	1/8 — .	3 ,6
Voamena	1/24 — .	1 ,125
Ilavoamena	1/48 - - .	0 ,56
Eranambatry	1/72 — .	0´,37
Varifitoventy	1/96 -- .	0 ,28
Varidimiventi	1/144 — .	11 ,28

Mesures de capacité.

Vary-iray	(6 mesures de riz).	132 litres.
Roatokombary	(4 —).	88 —
Tapabary	(3 —).	66 —
Fahatelombary	(2 —).	44 —
Fehenimbary	(1 mesure de riz).	22 —
Tapapeheniny	(1/2 —).	11 —

Le *Fehenimbary* est la base du système de mesures de capacité malgache. Pour les liquides, on se sert du litre.

Mesures de longueur

Une brasse	1^m,82
Demi-brasse	0 ,62
Un empan ou palme (1/8 d'une brasse)	0 ,225
Pouce (1/12 d'un empan)	0 ,018

NOTA. — Les Malgaches commencent à se servir du mètre (*Metatra Vazaha* en malgache).

Poids.

Pour les objets pesant plus de 10 piastres, on se sert du *Livrata english,* qui est la livre anglaise, ou du *Livrata* français (500 gr.).

Les liquides se mesurent au litre.

TABLE DES MATIÈRES

IIᵉ PARTIE

LA GUERRE FRANCO-HOVA (1883-1885)

Nancy. — Imprimerie Berger-Levrault et Cⁱᵉ.

BERGER-LEVRAULT ET Cⁱᵉ, ÉDITEURS

5, rue des Beaux-Arts, Paris. — 18, rue des Glacis, Nancy.

Organisation générale des Colonies françaises et des pays de protectorat, par Édouard Petit, sous-chef de bureau à l'Administration centrale des colonies, professeur à l'École coloniale ; préface de M. R. de Mouy, maître des requêtes au Conseil d'État. 1894-1895. Deux volumes grand in-8° d'environ 700 pages chacun. Prix de chaque volume, broché . . . . **12 fr.**
Relié en percal., 13 fr. 50 c. — En demi-maroquin . . . . **14 fr. 50 c.**

Le Régime du travail et la Colonisation libre dans nos colonies et pays de protectorat, par Henri Blondel, sous-chef de bureau au ministère des colonies. 1895. Volume de 180 pages, grand in-8°, broché . . . . . **5 fr.**
Ce volume fait suite à l'ouvrage de M. Édouard Petit sur l'*Organisation des Colonies.*

Impressions coloniales (1868-1892). Étude comparative de colonisation, par Charles Cerisier, ancien officier de commissariat de la marine, directeur de l'intérieur au Congo français. 1893. Vol. in-8°, avec une carte, br. **5 fr.**

La Vie militaire au Tonkin, par le capitaine Lecomte, breveté d'état-major, attaché à l'état-major du corps expéditionnaire. Illustrations par M. Dauphin. 1893. Très beau volume grand in-8° jésus de 360 pages, sur fort papier vélin, avec 70 dessins au lavis (têtes de chapitres, culs-de-lampe, vignettes hors texte), reproduits par la photogravure, et 5 croquis cartographiques. Broché sous couverture illustrée . . . . **10 fr.**
Relié en percaline gaufrée, plaques spéciales, tête dorée. . **12 fr. 50 c.**

L'Escadre de l'amiral Courbet, par Maurice Loir, lieutenant de vaisseau à bord de la *Triomphante*. Illustrations par M. Brossard de Corbigny. 1894. Très beau volume grand in-8° jésus, de 360 pages, sur fort papier vélin, avec 160 dessins au lavis (planches hors texte, vignettes, têtes de chapitre, culs-de-lampe), en photogravure, 10 croquis cartographiques et portrait. Broché sous couverture illustrée. . . . . **10 fr.**
Reliure riche gaufrée en 9 couleurs, tête dorée. . . . . . **12 fr. 50 c.**

Le Service du génie au Tonkin sous l'administration de la marine, par L. Kreitmann, capitaine du génie. 1889. Volume in-8° avec 129 figures et 13 planches, broché . . . . **5 fr.**

Rapport sur la reconnaissance du fleuve de Tonkin, par de Kergaradec, lieutenant de vaisseau, consul de France à Hanoï. 1877. Gr. in-8°, br. **2 fr.**

La Région nord-est du Tonkin, par M. Guérin, lieutenant d'infanterie de marine. 1892. In-8°, avec 6 planches . . . . **2 fr.**

La Question du Tonkin (l'Annam et les Annamites; histoire, institutions, mœurs, origine et développement de la question du Tonkin. Politique de la France, de l'Angleterre et de la Chine. Le protectorat), par Paul Deschanel, rédacteur au *Journal des Débats.* 1883. Vol. in-12 de 513 pages, br. . **5 fr.**

Le Royaume de Cambodge, par A. Bouinais, capitaine d'infanterie de marine, et A. Paulus, professeur à l'école Turgot. 1884. Gr. in-8°, br. . **2 fr. 50 c.**

La France et l'Angleterre en Asie, par Philippe Lehault, membre de la Société de géographie, explorateur en Asie. Tome Iᵉʳ. — *Indo-Chine. Les derniers jours de la dynastie des rois d'Ava.* 1892. Un volume in-8° de 780 pages, avec 6 cartes, broché. . . . . **10 fr.**

La Corée. Géographie, organisation sociale, mœurs et coutumes, ports ouverts au commerce japonais, les traités, par G. Baudens, lieutenant de vaisseau. 1884. Grand in-8°, avec 8 vignettes . . . . **1 fr. 50 c.**

Chine et Japon. Notes politiques, commerciales, maritimes et militaires, par Alfred Houette, enseigne de vaisseau. 1880. Gr. in-8°, broché. . . . **3 fr.**

Des Transports à dos d'homme dans les expéditions militaires, par A. Rocard, chef d'escadron d'artillerie de la marine. 1884. Grand in-8°, avec 4 figures. . . . . **2 fr.**

La Martinique, son présent et son avenir, par le contre-amiral Aube, ancien gouverneur de la Martinique. 1882. Grand in-8° . . . . **3 fr.**

Étude sur la colonie de la Martinique. Topographie, météorologie, pathologie, anthropologie, démographie, par le Dʳ H. Rey, médecin principal de la marine. 1881. Grand in-8°, broché . . . . **3 fr.**

Étude sur la colonie de la Guadeloupe (topographie médicale, climatologie, démographie), par le Dʳ Rey, médecin principal de la marine. 1878. Grand in-8°, broché . . . . **1 fr. 50 c.**

Carte de Madagascar, publiée par le service géographique de l'armée. Échelle 1/2.000.000ᵉ. 2 feuilles en couleurs. . . . . **2 fr. 50 c.** Expédiée par poste sur rouleaux. . . . . **3 fr.**

Notes sur Madagascar, par L. Crémazy, conseiller à la cour d'appel de la Réunion. 1883-1884. 3 parties. Grand in-8°, avec 2 cartes . . . **6 fr. 50 c.**

Souvenirs de Madagascar, par le Dr H. Lacaze. Voyage à Madagascar, histoire, populations, mœurs, institutions, avec une carte et une planche. 1881. Grand in-8°, broché . . . . **4 fr.**

Des Opérations maritimes contre les côtes et des débarquements, par M. D. B. G. 1894. Brochure in-8°. . . . . **2 fr.**

Étude sur les opérations combinées des armées de terre et de mer, par R. Degouy, lieutenant de vaisseau. 1ʳᵉ partie. 1884. Volume in-8° avec 33 figures. . . . . **4 fr.**

LA GUERRE AU DAHOMEY

1ʳᵉ Partie : 1888-1893

D'après les documents officiels, par Ed. Aublet, capitaine d'infanterie de marine, officier d'ordonnance du ministre de la marine. 1894. Volume in-8° avec un portrait, 21 croquis et 2 cartes, broché . . **7 fr. 50 c.**

2ᵉ Partie

LA CONQUÊTE DU DAHOMEY (1893-1894)

D'APRÈS LES DOCUMENTS OFFICIELS

Par Ed. AUBLET

CAPITAINE D'INFANTERIE DE MARINE
OFFICIER D'ORDONNANCE DU MINISTRE DE LA MARINE

Volume in-8°, avec une carte et 5 croquis, broché, 5 fr.

Le Génie au Dahomey en 1892, par M. Roques, chef de bataillon du génie. 1895. Brochure in-8°, avec 3 planches et 20 figures . . . . . **1 fr. 50 c.**

Ancien Mémoire sur le Dahomey. *Mémoire pour servir d'instruction au directeur qui me succédera au comptoir de Juda,* par M. Gourg (1791). Publication du *Mémorial de l'artillerie de marine.* 1892. Brochure in-8°, avec 1 gravure . . . . **1 fr.**

Guide pratique en pays arabe, par MM. R. J. Frisch, capitaine au 106ᵉ régiment d'infanterie, ancien officier des affaires arabes d'Algérie et de Tunisie, ancien officier topographe aux cartes des deux pays, et H. David, docteur en médecine, médecin-major de 2ᵉ classe au 106ᵉ régiment d'infanterie, breveté pour la langue arabe. 1892. Un volume de 400 pages, reliure percaline illustrée, 5 fr. — Franco par la poste . . . . **5 fr. 50 c.**

Manuel de Géographie commerciale, par V. Deville, professeur agrégé au lycée Michelet. (*Ouvrage récompensé par la Société de géographie commerciale de Paris.*) 1893. 2 volumes avec cartes et diagrammes, brochés. **7 fr.** Reliés en toile gaufrée. . . . . **8 fr.**

Monnaies, poids et mesures des principaux pays du monde. Traité pratique des différents systèmes monétaires, et des poids et mesures, accompagné de renseignements sur les changes, les timbres d'effets de commerce, etc., par A. Lejeune, directeur de l'École supérieure de commerce de Marseille. 1894. Un volume in-8°, broché, 3 fr. 50 c. — Relié en percaline gaufrée . **4 fr.**

www.ingramcontent.com/pod-product-compliance
Lightning Source LLC
Chambersburg PA
CBHW072020080426

42733CB00010B/1770